FRACASSO
e ACASO

Ricardo Horowicz
e Luiz Alberto Py

FRACASSO e ACASO

Uma reflexão sobre erros, acertos e
o papel do aleatório em nossas vidas

Rocco

Copyright © 2018 by Ricardo Horowicz e Luiz Alberto Py

Direitos desta edição reservados à
EDITORA ROCCO LTDA.
Av. Presidente Wilson, 231 – 8º andar
20030-021 – Rio de Janeiro, RJ
Tel.: (21) 3525-2000 – Fax: (21) 3525-2001
rocco@rocco.com.br
www.rocco.com.br

Printed in Brazil/Impresso no Brasil

CRÉDITOS DAS IMAGENS
p. 48 © Oronbb (CC BY-SA 3.0)
p. 51 © Incredible Arctic / Shutterstock
Todas as demais em domínio público ou de propriedade dos autores

Preparação de originais
BRUNO FIUZA

CIP-Brasil. Catalogação na fonte.
Sindicato Nacional dos Editores de Livros, RJ.

H796f	Ricardo Horowicz
	Fracasso e acaso – Uma reflexão sobre erros, acertos e o papel do aleatório em nossas vidas/ Ricardo Horowicz e Luiz Alberto Py. – Primeira edição. – Rio de Janeiro: Rocco, 2018.
	ISBN 978-85-325-3128-5
	ISBN 978-85-8122-756-6 (e-book)
	1. Fracasso (Psicologia). 2. Sucesso – Aspectos psicológicos. 3. Conduta. 4. Relações humanas. I. Horowicz, Ricardo. II. Título.
18-52061	CDD-155.24
	CDU-159.923

Meri Gleice Rodrigues de Souza – Bibliotecária CRB-7/6439

O texto deste livro obedece às normas do
Acordo Ortográfico da Língua Portuguesa.

SUMÁRIO

PREÂMBULO 9
1. ESCOLHAS 13
   Certeza não existe 16
   Medo de errar 18
2. PESSIMISMO 20
   As vantagens em ser pessimista 23
   Erro não é fracasso 28
3. ACASO E FRACASSO 31
   Pequenas diferenças, grandes consequências 31
   Causa e efeito 37
   Caos e determinismo 39
   Atratores 42
   Organização espontânea: sucesso por acaso 46
   O Jogo da Vida 51
4. MEDINDO O FRACASSO 58
   Dinheiro 59
   Poder 64
   Glória 74
   Tempo perdido 78
   O afeto dos outros 83
   Metas e valores 85

A opinião dos outros 92
Autoavaliação 95
5. O FRACASSADO DECIDE ALGUMA COISA?............... 102
Livre-Arbítrio 102
Uma experiência interessante................................... 108
Decidir pensar ou decidir agir 112
Onde reside o "eu" que fracassa?............................ 115
6. MEMÓRIA E NARRATIVA... 120
Quem é o "eu" que fracassa?................................... 120
Podemos confiar na memória? 123
Vítimas da coerência 126
Convencendo-nos do que queremos
ser convencidos.. 131
UM BREVE INTERREGNO... 135
Psicologia e ciência 135
7. OPORTUNIDADE E ARREPENDIMENTO 141
Occasio e Metanoia.. 141
O castelo de Kafka 145
Arrepender-se pela ação ou pela omissão? 148
A dor do arrependimento 155
A vantagem de sofrer... 156
Sobre homens e ratos 159
8. INVEJA 165
A inveja matou Abel 166
Rancor e ressentimento 171
A crença no mundo justo 174
Schadenfreude 180
Ciúmes 184

- Retire o bode da sala 186
- Vaidade 189

9. AMOR 192
- Amor e fracasso 192
- Amor conjugal 193
- Amor-próprio 197
- Amor ao próximo 202

10. COINCIDÊNCIAS ALEATÓRIAS 204
- Por acaso 204
- Acaso ao quadrado 214
- Sobre homens e polens 218

11. FINANÇAS 221
- Bolsa de Valores 222
- Desempenho passado não é garantia no futuro 227
- Cara eu ganho, coroa você perde 230
- Arrependimento e decisões financeiras 232

12. ARMADILHAS DA RAZÃO 235
- A culpa é do outro 236
- A busca da coerência 240
- Perdido, perdido e meio 243
- Quando perder vale mais do que ganhar 246
- A culpa é dos pais 249
- Uma nota de cautela 251

13. NÓS E O OUTRO 256
- O Dilema do Prisioneiro 257
- Teoria dos Jogos 260
- Perdão 262

NOTAS 267

PREÂMBULO

Em 17 de janeiro de 1912, um grupo de cinco homens cansados, esfomeados e, sobretudo, com frio atingiu finalmente, após enormes dificuldades, seu objetivo — o Polo Sul. Naquele lugar longínquo, um marco assinalava a conquista. Infelizmente para os homens que ali chegavam, o marco havia sido montado por outro grupo, chegado poucos dias antes. A eles nada restava exceto dar as costas e iniciar a viagem de volta.

O que se seguiu foi o trágico final de uma das mais desastrosas excursões na história das explorações. Os homens, exaustos, com a vista queimada pela neve e as mãos pelo frio, empreenderam a viagem de volta rumo ao barco que os esperava 1.300 quilômetros dali. No caminho, sem os animais que deviam transportá-los, desencontrados dos mantimentos e do grupo de suporte que deveriam estar à espera, enfrentaram fortes ventanias, perderam um homem ao escorbuto e outro à exaustão. Finalmente, imobilizados por uma tempestade de neve, sem luz, fogo ou comida, aguardaram a morte numa tenda fria, naquele lugar ermo, isolados e perdidos. Estavam a menos de vinte quilômetros do depósito de mantimentos.

Quão diferente do grupo que havia partido dois meses antes, apoiado por uma caravana munida de cavalos, cães e trenós motorizados, levando o que havia de melhor na época em equipamentos, bancado pela potente Coroa britânica, rumo à glória da conquista daquele que seria um dos últimos marcos geográficos a serem explorados pelo homem.

A história deste pequeno grupo representa a experiência vivida — talvez em magnitude ou qualidade diferentes — pela grande maioria de nós. Um sonho que não foi atingido, um projeto que não se realizou, erros acumulados aliados a incontroláveis condições externas, um esforço que resultou em nada, a sensação de desânimo, a justificação de seus atos e a submissão final ao destino — todos esses elementos se encontram reunidos neste episódio. Robert Falcon Scott, o extraordinário chefe desta missão memorável, simboliza o tema deste livro: o sucesso ou o *fracasso*, e o papel do *acaso* em ambos.

Essas duas palavras trazem em si miríades de questões que merecem certa reflexão. Como definir o que é o fracasso, e como medi-lo? O que conduz a ele, e como a ele reagimos? Entre os eventos que podemos chamar de fracasso, quais seriam determinados por falhas nossas, e quais por eventos fora de nosso controle? O acaso é um conceito igualmente rico de significados. Tendemos a nos atribuir um poder sobre nosso destino que uma análise objetiva põe em bases frágeis. Desde o acaso genético que leva à singularidade de cada indivíduo até encontros fortuitos com potenciais desastres e coincidências, muito contribui para o que chamamos de fracasso ou de sucesso. E não apenas essas causas, facilmente identificáveis, têm papel importante. O aleatório se manifesta de forma complexa e inesperada, mesmo naquilo que acreditamos ser ditado pela lógica. De formações geológicas a bandos de pássaros, de padrões espaciais a regularidades temporais, inúmeras são as manifestações de um ordenamento que somos tentados a ver como causado por forças determinísticas e conscientes, quando uma análise detalhada nos revela serem simples frutos do acaso.

Nossa atração por narrativas lineares e suas "explicações" aparentes nos leva a decisões inoportunas, conclusões inadequadas e análises incorretas. Como consequência, somos constantemente invadidos por um sentimento de perplexidade, sem conseguir compreender como os eventos evoluíram ao ponto que chegaram e, pior, incapazes de conviver com o desfecho de nossas aparentes decisões. Culpa e arrependimento nos perseguem, e nos responsabilizamos indevidamente. Uma observação cuidadosa do acaso e de seu papel no fracasso pode ser instrumento útil para convivermos melhor com essas questões. Este livro se propõe a contribuir com essa reflexão, levantando aspectos que vão da discussão do livre-arbítrio ao *Schadenfreude*, da teoria de jogos ao caos determinístico, de lendas gregas a experimentos psicológicos, passando pelo mercado financeiro, inveja, ressentimento e perdão, e tantos outros que esperamos que interessem o leitor tanto quanto interessaram aos autores.

1
ESCOLHAS

O leitor que tem filhos pequenos provavelmente já tentou participar de seus jogos eletrônicos e ficou perdido, ao menos de início. A primeira dificuldade surge quando o jogo se inicia e nos perguntamos: "Quais são as regras?" Na verdade, muitos destes jogos não vêm acompanhados de regras escritas. Enquanto o adulto ainda está inutilmente tentando decifrá-las, a criança já começou a jogar e, à medida que joga, estas vão se lhe tornando claras. Assim, aprende-se por exemplo que matando cinco alienígenas verdes ganha-se uma "vida" nova ou outras igualmente úteis.

Essa diferença de postura aparece também na vida, entre pessoas que buscam analisar por completo uma situação antes de dar um passo e as que arrojadamente arriscam e aprendem com o resultado. Por vezes, a simples consequência financeira da decisão indica o melhor método: não vamos comprar uma casa antes de sabermos seu tamanho, em que bairro fica etc., mas podemos escolher arbitrariamente um sabor desconhecido de sorvete, nos dando ao luxo de provar outro, se quisermos. Na maior parte das escolhas, mesmo sendo importante a decisão, há um ponto em que devemos interromper a análise e, *baseados nas informações adquiridas* até aquele momento, tomar uma decisão.

E este ponto é fundamental. Porque a informação nunca será completa. No caso da compra da casa, poderíamos imaginar que além da localização e da área precisaríamos também examinar os detalhes da construção, o custo de manutenção, comparar o preço com outras casas na vizinhança, estudar a liquidez, até atingir um nível de análise extremamente detalhado (quando provavelmente a casa já teria sido vendida). Como não dispomos de tempo infinito, em algum ponto precisamos interromper a análise e decidir.

O chamado "método de tentativa e erro" leva essa ideia ao extremo. Nele, a análise se restringe à observação de se "funciona" ou "não funciona". Trata-se de um método extremamente poderoso, tanto em casos simples (como nos jogos eletrônicos que citamos acima), quanto em complexos problemas matemáticos. É o método usado, por exemplo, nos chamados problemas de otimização, pelo qual se busca a solução que maximiza os benefícios ao mesmo tempo que minimiza os custos, sejam estes de que natureza forem. Estes problemas surgem em finanças (encontrar o portfólio que apresenta maior rendimento com menor risco), engenharia (melhor combinação de pontos de suporte numa estrutura), transportes (o tempo em que um sinal de trânsito deve ficar verde) e inúmeros outros campos. Em todos estes problemas, o método consiste simplesmente em gerar muitas soluções possíveis e compará-las, buscando a mais eficiente.

Há um truque, porém, usado para resolver estes problemas: em vez de buscar as soluções de forma completamente aleatória, a cada iteração comparamos o resultado com o anterior, e observamos se é melhor ou pior. Este é exatamente o processo usado por ratos em labirintos, que encontram não simplesmente um dos vários caminhos que alcançam o queijo, mas aquele que o alcança mais rápido. É um truque que muitas vezes usamos também em nossas decisões, e que por vezes chamamos "aprendendo com os erros".

Infelizmente, nos problemas da vida, a segunda chance vem com alto custo, e por vezes nem sequer existe. Podemos buscar uma nova chance num segundo casamento, após o fracasso do primeiro, mas pagaremos o enorme preço que uma relação infeliz pode gerar — da mesma forma que uma má escolha de emprego, de um mau investimento ou da compra de uma casa inadequada. Em todos esses casos, o método de tentativa e erro é usado não como processo iterativo e convergente à solução ótima, mas como uma tentativa de se corrigir o erro já cometido. Um segundo casamento, por exemplo, pode se mostrar ainda mais desastroso do que o primeiro, e um terceiro pior ainda. E ainda supondo que após mil casamentos encontrássemos o cônjuge ideal (ou seja, que o processo "convergisse"), esta seria uma estratégia de pouco valor prático. Em "tentativa e erro", a palavra *tentativa* reflete simplesmente termos desistido de alcançar a solução otimizada e aceitarmos, se possível serenamente, a possibilidade do erro.

O que está em jogo, portanto, na estratégia da compra da casa (analisar demais e perder a oportunidade ou agir rápido e fazer uma má escolha) é o balanço entre dois fatores: nosso receio de errar e nossa capacidade de conviver com o erro. O receio de errar não é algo que deva necessariamente ser combatido — afinal, é ele que nos impede de correr riscos desnecessários. Este receio aumenta de acordo com a dificuldade da tarefa. Por outro lado, ele pode nos inibir a ponto de impedir qualquer tomada de decisão, ou ao menos de adiá-la além do ponto ótimo. Quanto à capacidade de conviver com nossos erros, ela igualmente requer cuidadoso equilíbrio entre a autoindulgência e a humildade de aceitar nossas limitações e não deixar que elas nos paralisem.

CERTEZA NÃO EXISTE

A possibilidade de errar em nossas decisões é amplificada porque, como mencionamos, sendo o tempo para análise finito, necessariamente deixaremos de fora algumas informações, muitas delas importantes. Para completar estas lacunas teremos que fazer suposições, algumas possivelmente erradas. E, mesmo que tenhamos uma enorme quantidade de informação disponível, ainda teremos que conjecturar sobre os desdobramentos dos fatos.

No exemplo da compra da casa, a mais elaborada análise do mercado imobiliário não dará indicação segura de como os preços irão evoluir em cinco ou dez anos. De forma semelhante, ao escolhermos uma pessoa para casar, suas características presentes poderão servir no máximo de guia para seu comportamento futuro. Quantos casamentos não terminam porque um dos cônjuges descobre que o outro "não é aquele com quem me casei"? Em ambos os casos, essa avaliação pode tornar a mudar, passados mais alguns anos.

A dificuldade em se determinar todos os fatores necessários à decisão nas relações pessoais se torna ainda maior quando envolve um grande número de pessoas. Numa famosa passagem de *Guerra e paz*, Tolstói descreve a noite anterior à grande batalha de Austerlitz, entre os exércitos russo e francês, quando o estado-maior russo, chefiado pelo general Kutuzov, se reúne para decidir a estratégia do dia seguinte. Os debates se prolongam noite adentro, argumentos são apresentados numa e noutra direção, e os generais analisam em detalhes os diferentes cenários. Em certo ponto da discussão, Kutuzov simplesmente se levanta e diz: "Senhores, as disposições para amanhã — ou melhor para hoje, já que passa de meia-noite — não podem ser alteradas... Os senhores as ouviram, e cumpriremos nosso dever. Mas antes de uma batalha não há nada mais importante... do que uma boa noite de sono." E com isso Kutuzov se levanta, para grande decepção dos generais, que acreditavam que suas infindáveis discussões sobre táticas poderiam influenciar o terrível e incontrolável movimento de forças envolvendo centenas de milhares de soldados num campo de batalha.

A capacidade de determinar o ponto onde a análise se torna inconsequente e simplesmente aceitar o desenrolar dos acontecimentos pode ser de grande vantagem em vários momentos de nossas vidas. Pode-se mesmo perguntar se na história há mesmo planos, como parecem indicar as narrativas que criamos posteriormente, ou se os acontecimentos são muito mais complexos do que as decisões que julgamos terem tido papel importante. Como é sabido, o exército russo sofreu humilhante derrota nesta batalha, o que provavelmente resultou mais dos inúmeros fatores em ação no campo do que de possíveis táticas não discutidas na véspera (e que não poderiam ser implementadas a tempo, de toda forma).

MEDO DE ERRAR

Além de limitados, os dados mudam no momento mesmo em que os estamos analisando. No exemplo da compra da casa, passado um mês, compradores podem surgir ou desaparecer, preços mudarem, taxas de financiamento aumentarem ou diminuírem etc., forçando-nos constantemente a atualizar a análise. Limitados e mutantes, os dados à disposição são também muitas vezes conflitantes. Informações de diferentes fontes podem não coincidir, e este conflito só faz aumentar à medida que mais informações surgem. Estas contradições existem não apenas entre diferentes fontes, mas também entre as informações e nossa experiência prévia, à luz da qual interpretamos os dados presentes, e ainda entre as possíveis interpretações, que contaminam o resultado de nossa análise.

Em um jogo de xadrez, onde o tempo é limitado e a análise necessária é (a princípio) quase infinita, o bom gerenciamento é crítico. Cientes disso, em jogos em que o tempo começa a se tornar exíguo jogadores mais experientes podem escolher movimentos que não são necessariamente os melhores, mas que exigirão mais tempo de análise do adversário. Por sua vez, quando o adversário também é experiente, frequentemente usa o recurso de não aceitar nenhuma oferta de vantagem que seja precedida de longa análise do adversário, pois supõe que se este avaliou o suficiente e chegou à conclusão de oferecer uma peça, é porque isso provavelmente lhe trará recompensa adiante. Naturalmente, existe a possibilidade de o adversário ter cometido um erro, mesmo após tanto pensar, mas é mais seguro supor que tenha agido corretamente (mesmo porque, se for um mau jogador e aquela jogada tiver sido um erro, provavelmente irá incorrer em outro). Da mesma forma, no exemplo da compra da casa, seu preço incorpora todas as análises que o mercado fez, embutindo expectativas futuras e alternativas presentes. E também aqui essa informação é importante para nossa decisão, mesmo que apenas como ponto de partida. Em ambos os casos, assim como na maior parte das decisões que tomamos na vida, temos um "relógio" como o do xadrez, impiedosamente marcando nosso tempo. Saber quanto dele dedicar a cada decisão é o grande desafio.

É razoável, portanto, que tenhamos receio de errar. Ou melhor, que admitamos a possibilidade de errar. E esta distinção é importante, porque aceitar a possibilidade do erro é algo com que a razão pode lidar, ao passo que o receio pode ser um fator do fracasso se nos imobiliza e impede de tomar uma decisão quando o momento se aproxima.

2
PESSIMISMO

Existiria uma relação entre pessimismo e fracasso? A julgar pela quantidade de livros de autoajuda sobre o imenso valor do "pensamento positivo" para atingirmos nossas metas, o primeiro causaria o segundo e, mais ainda, o caminho do sucesso quase que necessariamente passaria por um otimismo constante. Não faltam exemplos de indivíduos que passaram de uma situação extremamente ruim, geralmente em termos financeiros, ao êxito absoluto, mudança normalmente atribuída ao otimismo. Narra-se então essa história de sucesso na presença de adversidades em termos de alguém que "jamais perdeu a esperança", que "sempre manteve a confiança em um futuro melhor" etc., o que teria dado a energia necessária para permanecer no rumo e atingir a meta após várias tentativas ou paciente espera. É natural que essas histórias mexam com nossa imaginação, e não por coincidência muitos destes títulos tenham se tornado best-sellers. A pergunta que se coloca, porém, é se existe evidência empírica que justifique essa tese. Não é uma questão simples, pois para respondê-la teríamos que determinar primeiro em que medida exata a pessoa foi otimista, e em que medida este otimismo (se houve) influenciou sua vida. Da mesma forma, seria preciso avaliar se o pessimismo de fato provocaria ou não o fracasso.

Contra-argumentos não faltam. Por exemplo, pode-se alegar que o pessimismo está muito mais próximo do realismo do que está o otimismo. Naturalmente, essa também é uma afirmativa difícil de ser comprovada, porque teríamos que entrar na complexa questão do que é realidade, se ela existe por si ou apenas através de nossas interpretações, e se de fato é realístico olhar para o mundo de um ponto de vista pessimista. "Ser pessimista" significa que, quando contemplamos os infinitos desdobramentos possíveis de um evento, damos maior importância àqueles com desfechos ruins. De forma simétrica é o olhar otimista. E qual seria então a forma "realista" ou, ao menos, pragmática de se olhar cada situação? Será ela possível? Deveríamos valorizar de forma igual cada uma das alternativas, independentemente de sua gravidade ou probabilidade? Difíceis perguntas, difíceis respostas.

Consideremos, por exemplo, alguém que pretende se candidatar a um emprego, e antecipa o desenrolar de sua entrevista de seleção e as possíveis evoluções. Num dos cenários, as perguntas feitas são fáceis, as respostas claras e corretas, a impressão nos entrevistadores é positiva, e a oferta de emprego se segue rapidamente. Noutro, o oposto ocorre, e após uma desastrosa entrevista o emprego é oferecido a outro candidato. Naturalmente, os cenários não se exaurem com estes dois exemplos. Não apenas existem infinitas variantes entre estes dois extremos, como cada uma pode dar origem a múltiplos desdobramentos. Assim, a contratação pode ser revista porque a firma muda de planos, ou porque, uma vez começado no novo emprego, o candidato descobre ser este muito diferente do que imaginava. Da mesma forma, a reprovação inicial pode se transformar em aprovação, se um fato novo trouxer a necessidade de mais contratações, ou talvez esta rejeição leve nosso candidato a buscar (e encontrar) uma outra oportunidade, melhor.

Em 2009, um jovem de nome Brian Acton procurou emprego no então nascente Facebook, e foi rejeitado. Otimista, postou em seu perfil a seguinte frase: "O Facebook me rejeitou. Foi uma grande oportunidade para conhecer pessoas fantásticas. Aguardo ansioso a nova oportunidade que a vida trará." Alguns anos depois, criou um aplicativo de troca de mensagens chamado WhatsApp, que veio a ser vendido ao mesmo Facebook pela "bagatela" de 19 bilhões de dólares. Brian passou de possível engenheiro de software de uma boa firma a um dos maiores bilionários do planeta. Sem dúvida, um caso de otimismo seguido de (mas não necessariamente gerando) um sucesso. Infelizmente, as muitas histórias em que a atitude otimista é seguida de um malogro ou fracasso são menos conhecidas, e mais difíceis de serem citadas. O leitor poderá, eventualmente, identificá-las em sua própria trajetória.

Todos estes cenários poderiam passar à mente do nosso candidato — todos possíveis, ainda que não igualmente prováveis. A atribuição de probabilidades aos diferentes cenários é que torna o problema difícil, ou mesmo impossível, de ser resolvido. Como veremos adiante, encontrar o "valor esperado" de um evento a partir de suas probabilidades tem ocupado matemáticos há séculos. Esse problema é crucial em todas as áreas científicas, da genética à física, da bolsa de valores à meteorologia, e pode ser extremamente complicado.

Quando, porém, não sabemos as probabilidades associadas a cada uma das alternativas, o problema é basicamente insolúvel. Não sabendo as diferentes probabilidades, atribuímos valores baseados em nossa experiência passada. Desta forma, o fracassado, tendo vivido um número maior de situações desfavoráveis, tenderá a atribuir maior probabilidade aos eventos com desfechos negativos. Ou, de forma mais simplista: "Macaco velho não põe a mão em cumbuca." A diferença é que entre colocar e tirar a mão da cumbuca, o macaco, ou ao menos os humanos, passa por um complicado processo de antecipar e avaliar os desfechos, e é este processo que o levará a arriscar tirar o biscoito da botija.

AS VANTAGENS EM SER PESSIMISTA

Voltamos neste ponto à segunda questão que colocamos anteriormente: a do efeito do pessimismo nos resultados. Se nosso candidato ao emprego antecipar apenas as trajetórias negativas, provavelmente não irá sequer se dar ao trabalho de se preparar para a entrevista. Poderíamos pensar que isso demonstra uma falha da postura pessimista, por limitar as opções, mas mesmo neste exemplo isto não seria verdade, porque essa limitação pode ser uma forma eficiente de se poupar um esforço inútil. Neste sentido, mesmo o mais extremado otimista comete este "erro", pois está constantemente eliminando opções de baixíssima probabilidade, sejam as de um pessimismo crônico como as de um otimismo delirante, por simples limitação de tempo e disponibilidade.

Há uma segunda vantagem, ao menos aparente, no pessimismo. Ele serve como poderoso mecanismo de cautela, nos impedindo de correr riscos excessivos e servindo como contraponto a um arrojamento e impulsividade que poderão ter consequências graves. Melhor ainda, nas poucas vezes em que o pessimista decide, sim, arriscar e perseguir uma trajetória, o fará com toda a convicção, sabendo que exauriu (dentro do possível) a análise dos riscos.

É claro que o sentido que se dá geralmente à palavra "pessimista" não é de alguém que fria e racionalmente analisa com cuidado os prós e contras, mas sim de alguém que, motivado principalmente por fatores emocionais, tem uma postura de a priori atribuir peso maior às trajetórias negativas. Além de enfatizar a probabilidade destas trajetórias, o pessimista tende a exagerar as consequências e a gravidade das mesmas. Neste sentido, é bem diferente da postura racional de julgamento equânime e lógico de alguém pragmático.

No pessimista, são múltiplas as motivações (se é que podemos usar esta palavra). Talvez uma das primeiras destas seja a falta de confiança em sua capacidade, e nesse sentido o pessimismo serviria como forma de se prevenir da decepção. É um mecanismo semelhante ao do adolescente que não arrisca convidar a menina à festa por receio de ser rejeitado.

Há um outro fator em jogo. Ao longo da vida, o pessimista — e todos nós — passa por experiências nas quais as esperanças já haviam sido perdidas quando o desenrolar dos eventos traz uma grata surpresa. Esta inesperada mudança nos causa um grande prazer, que é acentuado pelo desânimo que o precedeu. É o filho pródigo que retorna, a reconquista de algo que se perdeu. E o prazer provocado por este desfecho inesperado é tão grande que o pessimista será levado a reproduzir essa sensação no futuro, quase que se forçando a manter uma postura de desânimo com o único objetivo de vê-la malograda.

Nesse sentido, o pessimismo se torna uma superstição, como um amuleto da sorte. Esse pessimismo-amuleto pode, paradoxalmente, vir a ajudar o pessimista ao lhe trazer certa dose de otimismo, como quem diz: "Vou ser pessimista, pois sei que assim as coisas vão dar certo."

Outro sentimento que dá origem ao pessimismo é o da decepção com uma suposta "justiça universal", e em particular um amargo sabor de estar sempre sendo desfavorecido. Em certos casos este sentimento pode ter se originado nas primeiras fases da infância, por exemplo, graças a rivalidades com irmãos, pouca atenção dos pais etc. Em adulto, este sentimento de ter sido ignorado pela fortuna leva constantemente à decepção antecipada. É assim que o pessimista segue a vida, repetindo melancolicamente "Isso não vai dar certo", como a hiena Hardy do desenho animado. Mas, diferentemente de Hardy — que simplesmente não se animava com os planos mirabolantes de seu companheiro, o animado leão Lippy —, esse pessimista acredita que seus próprios planos estão fadados ao insucesso porque existe nos céus alguém poderoso que se diverte em frustrá-los.

Ao mesmo tempo, o pessimista muitas vezes suspeita que esta injustiça seja merecida, por conta de suas inúmeras falhas, e passa a se impor ele mesmo esta punição, vista como justa. Uma das formas de se punir é exatamente negar-se às chances de oportunidades futuras.

Todos esses sentimentos se combinam e se amplificam no caso daquele que, além de pessimista, também é fracassado. Para este, a realidade mostrou sua crueldade em diferentes formas, a ausência de justiça ficou mais do que patente, e a punição seria mais do que merecida, visto os tantos erros cometidos. Seguindo a mesma armadilha do erro de confirmação que vimos anteriormente, no fracassado pessimista a lembrança das múltiplas falhas reforça o pessimismo, imobilizando-o com pensamentos tais como "de qualquer forma tudo que faço dá errado", o que provavelmente não faz mais do que conduzir a novos erros, mesmo que por omissão. Neste sentido o pessimismo é um ciclo vicioso, alimentado pelo fracasso que o gera e sendo por este gerado.

Com tantos fatores emocionais, não é de se espantar que a análise do pessimista seja pouco neutra. Desse ponto de vista, acreditar que o pessimista tenha certo de grau de realismo pode ser demasiadamente generoso, pois suas observações são fortemente influenciadas por visões deformadas pela insegurança. Para evitar, no entanto, as já citadas armadilhas do uso da palavra "realismo", talvez seja mais prático indagar simplesmente sobre o quanto as emoções, pessimistas ou otimistas, podem nos afastar de uma análise racional. A questão seria então se esta análise racional de fato é superior a uma análise emocional, ou àquilo a que chamamos intuição.

Frequentemente, o pessimista é movido mais por emoções do que por uma análise racional, e constrói narrativas convincentes que justificam sua postura. Tão convincentes são essas narrativas que o pessimismo passa a ser um traço de sua personalidade. Quando deparado com uma eventual derrota, o pessimismo é reforçado com um "Eu sabia…". E as raras vitórias apenas alimentam a superstição de terem sido causadas, ao menos em parte, pelo pessimismo. Dessa forma, o pessimista não abandona a postura negativa nem mesmo quando os eventos da vida lhe são favoráveis e as escolhas, bem-sucedidas.

* * *

Tudo o que foi dito sobre o pessimista pode ser repetido, simetricamente, em relação ao otimista. Assim como o pessimista arrisca ser paranoico, o otimista arrisca ser ingênuo — e essa ingenuidade pode ser tão perniciosa quanto o pessimismo exagerado. Em casos extremos, o otimista pode chegar a um estágio quase delirante, em que todos os obstáculos reais são ignorados e sua própria capacidade é superestimada. É o caso daqueles que ignoram o bom senso e se lançam às mais arriscadas e improváveis aventuras, frequentemente com resultados desastrosos.

Por outro lado, o otimismo baseado num mínimo de racionalidade pode influir favoravelmente no resultado. Primeiro, porque o otimista tenta mais, e com isto aumenta a probabilidade de acertar, ainda que simplesmente por acaso. Segundo, porque o máximo que se perde por excessivo otimismo é o tempo arriscado em tentativas malogradas, que de toda forma seria perdido em arrependimento caso não se houvesse tentado. Terceiro, porque o otimismo gera uma grande motivação, que permite alcançar metas por vezes inimagináveis. Neste sentido, o otimismo é semelhante à fé religiosa, que igualmente pode auxiliar a atingir resultados aparentemente impossíveis.

Existe, assim, uma gradação ampla que vai do pessimista paranoico ao otimista delirante. Esta gradação é contínua, e só podemos saber onde nos encontramos dentro dela de forma aproximada. Como quase sempre ocorre nestes casos, o equilíbrio estará em algum ponto intermediário, onde as posturas extremas são substituídas por um pragmatismo razoavelmente objetivo.

ERRO NÃO É FRACASSO

Visto que o equilíbrio entre os extremos do otimismo delirante e do pessimismo paranoico é precário, surge a dificuldade de avaliar se vale ou não a pena correr um determinado risco, e o que significaria alcançar o objetivo que ele implica. Naturalmente, essa questão é particularmente importante para o pessimista, porque determinará o maior ou menor grau de sua frustração, e reforçará mais ou menos sua convicção de que é um fracassado. Uma atitude que pode ajudar o pessimista nesse momento é separar o objetivo final dos passos que levam a ele. No exemplo do candidato ao emprego, o fracasso de uma entrevista pode ter servido para aprender algumas frases a serem evitadas e outras a serem citadas numa próxima entrevista. Além disso, sabendo dos inúmeros fatores aleatórios que podem influenciar sua contratação, o candidato terá que realizar entrevistas com várias firmas, errando ou acertando, simplesmente para aumentar suas chances. Todas essas entrevistas "fracassadas" são, na verdade, parte necessária do processo maior de obter um emprego e, portanto, não precisam ser sentidas como derrotas.

Não faltam exemplos famosos de erros como parte do sucesso. Talvez um dos mais conhecidos seja o de Thomas Edison, inventor da lâmpada elétrica, que teria dito sobre suas inúmeras tentativas que falharam: "Eu não falhei, apenas encontrei mil formas de não se fazer uma lâmpada." Santos Dumont, na sua trajetória à invenção do avião, caiu em bosques, telhados, casas, castelos e hotéis, quebrou dois braços e uma perna, e investiu sem retorno, fortunas de seu próprio dinheiro. Cada um destes aviões quebrados poderia — mas não foi — ser visto como fracasso e estimular o pessimismo. De fato, teria sido uma visão míope enxergar cada uma destas etapas como um fim em si, e declarar-se fracassado. Mas neste caso, onde estaria o fim? Se Santos Dumont tivesse caído com todos seus aviões sem jamais chegar ao 14-Bis, seria o caso de se sentir fracassado? E, para cada um de nós, em nossas ambições frequentemente mais modestas, haverá um ponto em que legitimamente podemos declarar que fracassamos? Ou até um minuto antes da morte ainda podemos dizer que estamos tentando e que há esperança? Talvez para Santos Dumont o importante não fosse tanto a vitória de fazer o avião voar, mas o sabor da aventura das tentativas. Como se diz, por vezes: "O importante não é a chegada, mas a viagem."

Há uma pequena anedota atribuída ao humorista Millôr Fernandes que ilustra este ponto. Um homem cai do décimo andar de um prédio. Enquanto caía, alguém no quinto andar coloca a cabeça fora da janela e pergunta-lhe como estava indo, ao que o homem respondeu: "Até aqui vai tudo indo bem...".

Certamente este seria um exemplo de delirante otimismo. Mas a anedota sugere também um critério para discernir o fracasso do simples acidente de percurso: a irrevogabilidade. Se queremos nos formar em medicina, estudamos intensamente, mas se somos reprovados no exame final, terá havido um fracasso nesta tentativa. Talvez possamos tentar novamente no ano que vem, mas isto nos permitirá no máximo nos *formar em medicina*, porém não nos formar em medicina *este ano*. Neste exemplo, aliás, vemos como o fracasso ou sucesso se define pela formulação precisa do objetivo almejado. Mesmo neste segundo caso, de querermos simplesmente nos formar em medicina, se formos reprovados ano após ano chegará o momento em que provavelmente desistiremos, ou por concluirmos que as reprovações refletem nossa incapacidade, ou por acharmos que já não vale mais a pena. Mais uma vez, aqui teria sido adequado interpretar e sentir isto como um fracasso, ainda que possamos nos dizer talvez como consolo último: "Ao menos, tentei."

Santos Dumont, que corretamente interpretara cada uma de suas tentativas malsucedidas como passos rumo ao objetivo maior, suicidou-se anos depois de alcançá-lo, supostamente por ter ficado deprimido com a aplicação militar de sua invenção. Aquilo que vivenciara como um sucesso veio a lhe parecer uma tremenda e insuportável derrota. Em escala talvez menos dramática, todos nós experimentamos em nossas vidas situações em que sucessos se revelam fracassos e vice-versa. E sabemos, de certa forma, que ao final certamente "perderemos", pois nossa vida é finita e nada poderemos fazer para evitar a morte. Enquanto este momento não chega, porém, o mais sensato é sentir cada uma de nossas mais minúsculas vitórias como um sucesso, como o torcedor que comemora cada gol de seu time sem saber se ao final do jogo este vai vencer ou não. Ou, parafraseando o personagem Woody do filme *Toy Story*: "Viver não é vencer, é ser derrotado com estilo."

3
ACASO E FRACASSO

PEQUENAS DIFERENÇAS, GRANDES CONSEQUÊNCIAS

Quando examinamos os fatores que conduzem ao fracasso — ou ao sucesso —, precisamos levar em conta um elemento: a trajetória de nossas vidas, dos mais pequenos incidentes aos mais importantes, é determinada não apenas por nossos atos, racionais ou não, mas também por fatores externos de consequências imprevisíveis. Um encontro casual que resulta em casamento e determina toda uma vida em comum, outro que leva a um negócio com resultados extraordinários, alguém que caminha tranquilamente pela rua quando uma bactéria resolve entrar em seu pulmão — ou talvez sendo salvo no último instante por uma lufada de ar...

Cada um destes eventos, por sua vez, afeta e é afetado por mais eventos aleatórios. A futura esposa que encontramos na fila do cinema lá estava porque sua prima cancelara um jantar. E a prima havia cancelado o jantar por ter ficado doente na véspera — talvez por ter cruzado com a bactéria que a lufada de ar desviara de nosso rosto... As combinações são inúmeras, os efeitos, imprevisíveis. Quantos de nós não tiveram suas vidas alteradas de forma radical, por eventos triviais e escolhas aparentemente inconsequentes? Como no conhecido poema "The road not taken" [A estrada não trilhada], de Robert Frost, o caminhante é forçado a escolher entre duas trilhas numa estrada que se bifurca, e reflete:

> Isto hei de contar com um suspiro
> Em algum ponto em minha vida:
> Duas estradas divergiram em um bosque, e eu —
> *Eu tomei a estrada menos caminhada.*
> *E isto fez toda a diferença**

Frost *decidiu* tomar uma das estradas, mas quantas vezes simplesmente tomamos a estrada *sem* decidir? Por exemplo, o que dizer de nossa própria origem biológica e sua contribuição a nossa trajetória? Fomos gerados pela união de um único espermatozoide que atingiu o óvulo antes de milhões de competidores. Houvesse sido outro, nós não seríamos nós. Teria havido neste caso um outro filho em nosso lugar, habitando nossa casa e tendo os mesmos pais, provavelmente com o mesmo nome que o nosso e que, no entanto, seria outra pessoa. Mais ainda, se nossos pais houvessem se casado com mulheres diferentes, teriam sido outros genes e outro o filho gerado. E nossos pais só se casaram com nossas mães porque os pais de nossos pais se casaram com as mães de nossas mães, e assim por diante, por todas as gerações, cada encontro ditado por uma enorme coincidência de

---

*"I shall be telling this with a sigh/ Somewhere ages and ages hence:/ Two roads diverged in a wood, and I—/ I took the one less traveled by,/ And that has made all the difference."

momentos únicos que os antecederam. Mesmo na particular e extremamente improvável combinação de genes que constituiu o que somos, ocorreram mutações e seleções que resultaram em sermos altos e não baixos, termos olhos castanhos e não pretos, e apresentarmos nossos particulares traços de personalidade. Cada um desses fatores contribuiu, de diferentes formas, para nossa trajetória, ao determinarem quem somos.

Assim, quando analisamos as razões que levaram a algum fracasso, é importante olharmos separadamente diferentes aspectos desta pergunta. Em primeiro lugar, há o "porquê" que poderíamos chamar genético. Fracassamos porque somos quem somos, e somos quem somos porque nossos avôs se casaram exatamente com nossas avós, e não com outras. Em segundo lugar, sendo quem somos fracassamos porque um telefonema fatídico soou tarde demais, ou porque estávamos no lugar errado na hora errada. Finalmente, fracassamos porque, estando onde estávamos, raciocinamos de uma forma que resultou ser errada. Em cada caso adotamos posturas diferentes, por um lado chamando os fatores de "azar", e por outro atribuindo-os à nossa incapacidade. E isto tem enorme importância em como vivenciamos as consequências, porque o sentimento do fracasso quando causado pelo azar é muito diferente daquele gerado pelo que sentimos como "incapacidade". Em particular, não nos sentimos responsáveis pelos primeiros, mas pelos últimos, sim. Não nos sentimos fracassados se um terremoto destruir nossa casa. Tristes e desanimados provavelmente, mas não fracassados.

Esta distinção entre azar e incompetência é, porém, nebulosa, e muitas vezes a pessoa que se sente fracassada tende a caracterizar como incompetência o que poderia ser chamado falta de sorte. Assim, considera que foi sua responsabilidade o fato de se ter colocado no lugar errado na hora errada, ou não ter sido capaz de escapar destas. Este sentimento de culpa muitas vezes está relacionado com uma atitude de certa prepotência e presunção, como se cada um de nós pudesse ser responsável por ser quem é, quando na realidade somos todos, na maior parte das vezes, apenas fruto de nossas circunstâncias.

Igualmente, nossas decisões erradas são percebidas como sendo nossa responsabilidade, mesmo quando dependem criticamente de fatores genéticos e circunstanciais. Finalmente, nossa própria realidade física é resultado da aleatoriedade genética que levou a sua existência. Não apenas nossas existências individuais, mas todo o estado do universo em cada momento é o resultado altamente improvável de infinitas combinações. Assim, quando nos atribuímos a culpa pelo nosso fracasso é como se estivéssemos supondo que escolhemos quem somos, quando somos apenas frutos de acasos, em algumas vezes melhores, em outras piores, frutos.

É interessante comparar esta enorme influência dos efeitos aleatórios em nossas vidas com o bem conhecido *efeito borboleta*. Este conceito foi desenvolvido pelo matemático e meteorologista americano Edward Lorenz na década de 1960.* Em sua formulação mais simples, o efeito borboleta propõe alegoricamente que uma borboleta na Amazônia, ao mover suas delicadas asas, poderia provocar uma tempestade a milhares de quilômetros de

---

* Incidentalmente, a história deste nome é quase um exemplo do próprio efeito borboleta. Lorenz havia enviado seu trabalho para ser apresentado em uma conferência, mas sem um título. O organizador da conferência decidiu à última hora dar-lhe este nome que, devido à clareza da imagem, veio a se popularizar imensamente, vindo a ser referência comum em conversas informais e servindo de tema de filmes e livros.

distância. Isto ocorreria porque, embora o movimento causado pela borboleta seja levíssimo, pode afetar e ser afetado pelo ar ao seu redor, resultando em uma ligeiríssima brisa, que por sua vez pode interagir com outras moléculas de ar, amplificando-se e alimentando-se neste processo, e vindo a resultar em enormes e improváveis movimentos de ar.

Lorenz mostrou que este efeito é inerente aos fenômenos atmosféricos: pequeníssimas alterações nas condições climáticas podem ter enorme repercussão. A consequência prática é que qualquer previsão de tempo com horizonte maior do que poucos dias é impossível, ainda que se disponha dos mais complexos e sofisticados computadores, e mesmo que se conheçam a posição e a velocidade atuais de cada molécula da atmosfera. Esta é a razão pela qual as previsões meteorológicas, apesar da enorme popularidade, pouca valia têm para horizontes acima de uma semana. E a razão é que, na prática, nosso conhecimento destas posições e velocidades estará sempre limitado pela precisão de nossos aparelhos de medida, e qualquer minúsculo desvio destes valores pode alterar drasticamente os resultados. É quase irônico, por exemplo, que vários lançamentos espaciais, carregando o que de mais avançado há em tecnologia, tenham sido adiados no último momento por uma simples e não antecipada mudança climática.

Foi exatamente o que Lorenz observou quando procurava estabelecer previsões utilizando os computadores de que dispunha e aproximava os números após algumas casas decimais. Assim, se o resultado de suas equações era por exemplo 2,589132 metros por segundo, com 6 casas decimais, Lorenz aproximava para 2,589 e usava este valor para calcular outros resultados de seu modelo. Esta simples aproximação era suficiente para modificar radicalmente suas previsões, de forma contrária ao que se esperaria. Em vez de o arredondamento do número levar a uma resposta próxima à inicial, conduzia as equações a valores inteiramente diferentes.

O ponto aqui não é que os computadores da época eram limitados, mas sim que qualquer que seja a limitação ela terá um grande efeito ao ser propagada ao longo do cálculo. O mesmo vale para a precisão, qualquer que seja, da medida que estejamos fazendo. Por outro lado, isso significa que minúsculos desvios em nossas vidas podem ter efeitos enormes e imprevisíveis em nossas trajetórias — aliás, não apenas em nossas, como também nas dos outros. Isso pode ser difícil de perceber no momento em que tomamos insignificantes decisões em nosso cotidiano, mas se torna mais claro se analisamos retrospectivamente os eventos que levaram a desfechos radicais.

Por exemplo, a cada ano morrem no Brasil cerca de 50 mil pessoas em acidentes de trânsito, e cerca de 500 mil sofrem invalidez permanente. Isso significa que, a cada dia, mais de mil pessoas têm suas vidas profundamente afetadas em breves e trágicos segundos. Para cada uma dessas vítimas, estes poucos segundos são resultado de terem chegado àquele lugar no exato momento em que outro carro passava. E, em algum lugar próximo, talvez alguém tenha decidido passar mais manteiga no pão, e por isso sair de casa dez segundos mais tarde, escapando desta forma do momento do acidente e indiretamente selando a morte daquele motorista a quilômetros de distância.

Olhando assim os acontecimentos, como um filme passado de trás para frente, todo e qualquer evento drástico pode ser associado aos inúmeros eventos que o antecederam. Ou melhor, não associado, pois a complexidade deste sistema é enorme; mas, através de infinitas interações, cada um de nossos atos, por mais insignificante que seja, modifica de forma radical e imprevisível o destino de toda a humanidade.

O escritor americano Carlos Castañeda conta em *Viagem a Ixtlan*, de 1972, ter ouvido a história de um guerreiro que sobe uma montanha altíssima por um caminho estreito. Em certo momento, o guerreiro percebe que o laço de um de seus sapatos está desatado e se agacha para amarrá-lo, o que o salva da morte, pois uma enorme pedra rola neste exato instante pela escarpa abaixo e passa à sua frente. Castañeda pergunta ao seu mentor como poderia o guerreiro saber se devia ou não amarrar o sapato. E este responde que não há como saber. A única coisa a fazer é comportar-se de forma impecável como o guerreiro em cada ato de nossas vidas, mesmo quando damos um nó no cadarço do sapato.

CAUSA E EFEITO

Essa discussão levanta outra questão: a do que é a *causa* de alguma coisa, seja um acidente, uma tempestade, um fracasso ou um sucesso. Somos tentados a acreditar que cada um desses eventos foi determinado por alguma causa que podemos identificar, e que acaso é apenas outro nome para nossa ignorância.* Na verdade, como no efeito borboleta, os fenômenos podem ter — e frequentemente têm — uma complexidade tão grande que são

---

* O significado original da palavra "acaso" é justamente "sem causa".

indetermináveis, apesar de seguirem leis perfeitamente determinísticas. Mais do que isso, todos os fenômenos, mesmo os que ocorrem em nossa mente, podem em última análise ser reduzidos ao nível atômico, e neste nível são descritos pela mecânica quântica. Nesta descrição é impossível determinar exatamente em que momento um átomo irá emitir um fóton de luz, ou mesmo onde está localizado. Deste ponto de vista, usando as palavras de David Bohm, um dos nomes mais importantes na formulação da mecânica quântica, o acaso é mais fundamental do que as leis causais.*

A mesma conclusão foi feita por Charles Darwin, ao indagar o porquê das mutações genéticas. Diferentemente da visão lamarckista de que estas atenderiam a um fim funcional (como no clássico exemplo, hoje considerado errado, de as girafas terem desenvolvido seus pescoços compridos com a finalidade preestabelecida de atingirem os ramos mais elevados das árvores), Darwin conclui que as mutações e seus efeitos no fenótipo simplesmente ocorrem aleatoriamente, sem fim ou "causa". Em nossas vidas individuais, a complexidade dos fatores que levam a cada um dos eventos e suas múltiplas interações (como no exemplo do acidente de trânsito que vimos acima) torna igualmente impossível determinar quais suas causas. O máximo que podemos

---

* *Causalidade e acaso em física moderna*, David Bohm (1971). Incidentalmente, Bohm desenvolveu sua teoria da causalidade durante um período de ano e meio em que trabalhou na Universidade de São Paulo. Sua estadia no Brasil foi mais um destes exemplos do acaso: Bohm fora perseguido durante o macarthismo, acusado de ser comunista, e pretendia se mudar para a Europa. Por uma série de dificuldades na obtenção do visto, acabou tendo que ficar no Brasil, que não era sua escolha. Isto não o impediu, no entanto, de desenvolver importantes trabalhos, o que ilustra como podemos usar nossas habilidades mesmo quando o acaso não nos favorece.

afirmar é que há duas forças agindo em nosso destino: as que poderíamos chamar determinísticas, em que há uma relação causal ao menos no sentido de serem *necessárias* ao desenlace, e as aleatórias, que se superpõem permanentemente à primeira. Estes efeitos podem vir a alterar fundamentalmente o desenlace.

Como exemplo de causa determinística, precisamos cursar uma faculdade de medicina para nos tornar médicos. Podemos fazer um plano, nos programarmos para estudar por seis anos, e contar com o diploma ao cabo deste tempo. No entanto, esse plano pode ser completamente modificado se, por exemplo, contrairmos uma doença grave ou conhecermos alguém que desvie nosso interesse para o mundo dos negócios, para citar dois exemplos.

Nesta competição entre forças determinísticas e randômicas, é impossível saber quem terá maior influência. Em termos práticos, porém, visto que não podemos alterar o acaso, nos limitamos a concentrar esforços em perseguir os planos como se o inesperado não existisse. Procuramos simplificar os problemas, concentrando-nos numa narrativa em que planos e estratégias assumem um papel muito maior do que a prática revela. É útil, contudo, não esquecer completamente do acaso, para limitar o esforço despendido em planejamentos e reduzir nossas decepções quando estes não se concretizarem.

CAOS E DETERMINISMO

Essa enorme dependência das condições iniciais é uma das principais características dos chamados sistemas "caóticos", nos quais a evolução é impossível de ser calculada, ainda que conheçamos perfeitamente todos os fatores que os afetem, e como estes agem. Este comportamento é radicalmente diferente da interpretação de determinismo a que estamos acostumados em nosso cotidiano, e que foi belamente expressa pelo físico francês Laplace em seu *Ensaio filosófico sobre as probabilidades*, de 1814:

> Devemos visualizar o estado presente do Universo como efeito de seu estado anterior, e como causa daquele que se seguirá. Uma inteligência que, em dado instante, conheça todas as forças que animam a natureza, e a situação de todos os entes que a compõem, e se além disso fosse vasta o suficiente para analisar estes dados, abarcaria na mesma fórmula os movimentos dos maiores corpos do Universo e os dos mais leves átomos: nada seria incerto para esta, e o futuro, como o passado, se colocaria diante de seus olhos.

Quando buscamos respostas para nosso presente a partir de nosso passado, e tentamos antever o futuro baseado em nosso presente, é esta visão idealista de um mundo previsível que estamos utilizando. É também ela que utilizamos quando procuramos explicar nossos fracassos em termos de erros específicos que cometemos ou acreditamos ter cometido. Esta visão do determinismo ganhou impulso no século XVII, após Newton ter descoberto leis universais que regem desde a famosa queda de uma maçã até o movimento dos astros.

Infelizmente, a abordagem determinística nem sempre fornece respostas corretas, nem em nossas vidas nem no mundo que nos rodeia. Mesmo os movimentos dos astros, um dos grandes sucessos das leis de Newton, apresentam regimes de completa imprevisibilidade, como por exemplo nas órbitas de meteoros. Foram necessários dois séculos para que Henri Poincaré descobrisse que estes corpos apresentam movimentos que hoje chamamos caóticos, e mais um século para que, com o advento dos computadores, estas trajetórias pudessem ser estudadas. Já quanto a nossas vidas, continuamos pensando em termos determinísticos até hoje.

São inúmeros os sistemas que apresentam comportamento imprevisível, ou caótico, ao menos em certas condições. De bolas de bilhar a trajetórias de meteoritos, de turbilhões de água à chama de uma vela, da arritmia cardíaca à epilepsia, passando por lasers, circuitos eletrônicos, evolução de epidemias e a dinâmica da competição entre espécies.

Vejamos o exemplo do mais simples desses sistemas, um jogo de bilhar. Se temos apenas a bola branca e uma amarela, podemos avaliar para onde esta irá se a atingirmos com a bola branca. Ainda que para alcançar o buraco a bola amarela tenha que bater na borda da mesa uma ou várias vezes, os mais hábeis poderão fazê-lo simplesmente adequando a força aplicada ao taco e ajustando o ângulo de impacto. Este problema é ainda mais fácil para um computador, visto que as leis que descrevem o movimento de bolas de bilhar são bem conhecidas, e podemos escrever equações a partir delas. Se a tacada se desviar um pouco do ângulo adequado, a bola irá igualmente se desviar, mas ainda poderá atingir o buraco, desde que o desvio seja pequeno.

Se aumentarmos o número de bolas sobre a mesa, por exemplo para 50, os sucessivos choques entre as diversas bolas seguirão um movimento bem mais complicado, mas que ainda assim pode ser calculado por um computador. Este cálculo exigirá tempo maior e computadores poderosos, pois precisamos conhecer a posição de cada bola com grande precisão, visto que qualquer imprecisão levará a uma resposta errada.

Já nos sistemas caóticos, as trajetórias são ainda perfeitamente determinadas, porque não dependem de nenhum fator externo, mas imprevisíveis, porque na prática jamais seremos capazes de calcular a resposta: a imprecisão nas trajetórias aumenta exponencialmente com o tempo. No jogo de bilhar, por exemplo, o regime caótico poderia ser alcançado simplesmente colocando sobre a mesa objetos circulares que desviassem as bolas que porventura se chocassem com eles, assumindo trajetórias erráticas. Sistemas maiores, como a atmosfera, são substancialmente mais complicados do que o jogo de bilhar, e o comportamento caótico surge natural e frequentemente.*

ATRATORES

A existência desses sistemas caóticos é muito interessante, e talvez possa ser usada como interpretação alternativa para nossas trajetórias. Podemos descrever nossas vidas como completamente imprevisíveis e altamente dependentes das "condições iniciais", ou seja: determinadas por pequenos fatores fora de nosso controle, mas suficientes para alterar completamente nosso futuro.

Essa analogia se torna ainda mais atraente quando analisamos a existência daquilo que nos sistemas físicos são chamados

---

* No caso da atmosfera, a "trajetória" não é simplesmente as sucessivas posições que as moléculas de ar ocupam, mas sim as diferentes combinações de temperatura, pressão etc. associadas a cada ponto.

"atratores". Atratores fazem com que as trajetórias, com toda a imprevisibilidade e extrema sensibilidade características do caos, acabem seguindo um padrão que se mantém estável. Ou seja, as trajetórias individuais continuam a ser imprevisíveis, mas seguem todas um mesmo comportamento.*

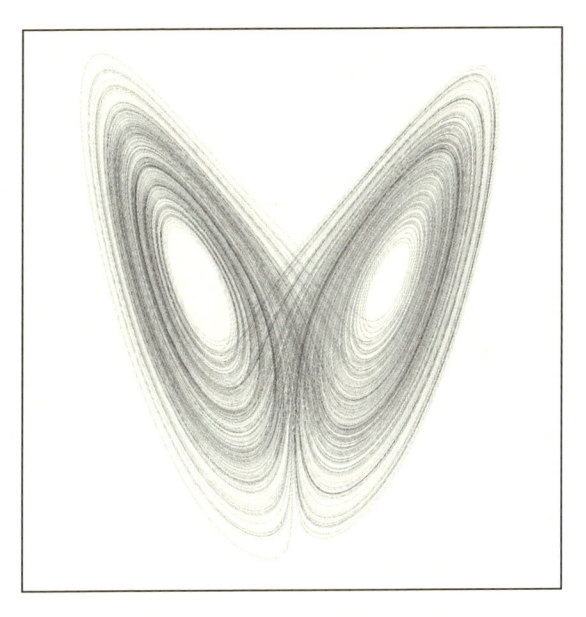

Figura 3.1: A imagem acima ilustra um "atrator" que se manifesta num regime completamente caótico. Ela mostra a combinação de posições (medidas no eixo horizontal) e velocidades (eixo vertical) que um objeto ocuparia em diferentes momentos de sua trajetória caótica. Embora a trajetória seja completamente imprevisível, o movimento sempre ocupa um ponto nesta mesma figura, que permanece estável. E este padrão estável é originado espontaneamente por processos completamente aleatórios.

---

* A importante descoberta da coexistência de regime caótico com atratores estáveis foi feita pelo pesquisador americano Steve Smale quando, durante uma temporada trabalhava no Instituto de Matemática Pura e Aplicada do Rio de Janeiro. Curiosamente, Smale fez sua descoberta enquanto caminhava na praia de Copacabana, certamente não a mais comum associação a ser feita.

Na prática, isso significa que, embora pequenas perturbações atmosféricas possam alterar a trajetória das moléculas de ar e conduzir a resultados tão diferentes como a ocorrência ou não de um furacão, com o passar dos anos estas pequenas perturbações não alteram a frequência dos mesmos, apenas a ordem cronológica com que ocorrem. Assim, não podemos prever quando um furacão ocorrerá, mas podemos determinar a probabilidade de que ocorram.

Esta criação de um padrão regular a partir de movimentos puramente aleatórios terá um papel importantíssimo quando abordarmos o mercado financeiro, e os fracassos e sucessos que o acompanham.

Voltando ao cotidiano e suas enormes complexidades, em que diversas pessoas agem e reagem umas às outras, e respostas são provocadas não apenas por interações físicas, mas também por palavras ou mesmo por minúsculos gestos ou olhares, é tentador olharmos a evolução de nossas trajetórias como seguindo um regime caótico. E como em todo regime caótico, essa trajetória seria perfeitamente determinada, e ao mesmo tempo imprevisível.

Mais ainda. Sob este ângulo, poderíamos identificar em nossas vidas certos "atratores", na forma de padrões de comportamento ou temas que se repetem, e muitas vezes estão na origem de nosso fracasso. Estes padrões seriam o que chamamos de personalidade. Assim, uma pessoa com traços agressivos terá grande probabilidade de entrar em choque com pessoas de sua família, do trabalho, ou de seu círculo social. O conflito pode ser gerado por um incidente de pequenas proporções, mas os resultados serão catastróficos, como no efeito borboleta. Naturalmente, essa pessoa não pode prever quando ocorrerá o choque; mas, conhecendo seu "atrator", poderá antecipar sua (alta) probabilidade e, talvez, se preparar. Sob o risco de estender a analogia um pouco demasiado, é interessante notar que estes "atratores" na natureza apresentam o que é conhecido como "dimensão fractal",* cuja característica mais interessante é a de apresentar padrões que se repetem infinitamente. Um exemplo dessa estrutura pode ser observado na Figura 3.2, na qual a "árvore" foi criada simplesmente repetindo-se sucessivamente o mesmo padrão de quatro "galhos" em cada uma das extremidades. Outros exemplos abundam à nossa volta, da simples couve-flor que encontramos em nossa cozinha às dunas do deserto ou cumes de montanhas. Em cada um destes casos, o padrão se repete, seja se observamos a imagem de longe ou com um microscópio. Da mesma forma, as características de nossa personalidade tendem a se repetir e a se manifestar em diferentes áreas de nossas vidas, agindo como "atratores" em nosso comportamento.

---

*A existência da "dimensão fractal" foi descoberta por Benoît Mandelbrot, quando tentava responder a uma simples pergunta: qual o comprimento da costa de um país? De fato, essa pergunta não é simples, porque depende da "régua" que utilizamos para a medir. Quanto menor esta régua, mais zigue-zagues teremos que fazer ao longo da costa, desde as curvas das praias em diferentes direções até as minúsculas arestas de cada grão de areia, e, em última análise, até cada átomo de cada grão. Dessa forma, quanto mais precisa for nossa régua, maior será a costa.

Figura 3.2: A "árvore" foi criada simplesmente repetindo-se um mesmo padão.

ORGANIZAÇÃO ESPONTÂNEA: SUCESSO POR ACASO

Muitas vezes procuramos analisar nosso fracasso examinando em detalhe a situação de derrota em que nos encontramos. Este exame pode levar a dois desenlaces, ambos frustrantes.

O primeiro é simplesmente não sermos capazes de identificar quais os passos falhos que demos e que nos levaram à situação atual. Passamos minuciosamente em revista os fatos que antecederam o desastre, ou mesmo nossa história através dos anos, mas apesar de nosso esforço nos sentimos incapazes de entender o que poderíamos ter feito de diferente, que armadilhas poderíamos ter evitado para não chegarmos aonde estamos.

O segundo é percebermos uma constante em nosso comportamento, uma linha norteadora que nos acompanhou através dos anos e que, retrospectivamente, faz parecer claro que nos levaria ao quadro atual de fracasso. Nestes casos, nos empenhamos em modificar os comportamentos associados a esta narrativa para evitar futuros fracassos.

Infelizmente, na maior parte das vezes esta tentativa malogra e algum tempo depois voltamos a nos deparar com os mesmos padrões de comportamento, novamente sendo conduzidos ao erro e eventualmente ao fracasso. Esta situação, claro, é tão ou mais frustrante do que aquela em que não conseguimos identificar a causa provável de nossos atos.

Acreditamos na razão como instrumento eficaz para analisar nossas mazelas mentais, e esperamos que uma cuidadosa análise nos leve ao entendimento e à consequente mudança de padrões. Não é outra, por exemplo, a abordagem de certas linhas da psicanálise, onde se procura usar nosso lado racional para, através de metódica investigação, encontrar explicação para certos comportamentos, muitas vezes conduzidos pela emoção, e desmontar aqueles que são indesejados. Como mencionamos, esta procura pode igualmente ser infrutífera, por mais esforço que se coloque nela, levando-nos a um duplo desapontamento: o de termos fracassado e o de não termos sido capazes de resolver a origem do problema.

Tão frequente é esta situação que talvez a proposta de identificar os fatores que geram os padrões de comportamento seja irrealista, impossível. Talvez possamos entender esta impossibilidade analisando certos padrões repetitivos que surgem não em nosso comportamento, mas no mundo que nos rodeia. Para isto, vamos nos afastar por um momento da ideia do fracasso e do sucesso em nossas vidas e examinar um problema que, à primeira vista, pareceria não relacionado a este tema: o voo dos pássaros.

Figura 3.3: Bando de pássaros voando. Existiria um pássaro-líder?

Nessa foto vemos a bela imagem que muitos de nós já observamos no céu: um bando de pássaros voando em formação, dando origem a uma espetacular figura que se mantém constante à medida que o bando se movimenta. Mesmo quando o bando tem que mudar a direção do voo (por exemplo, para se desviar de um predador), isso é feito rapidamente e em sincronia, com a figura descrevendo curvas ou mudando abruptamente o padrão e apresentando desenhos que parecem gigantescas esculturas no céu, pulsantes e girantes em harmonia coreográfica, num maravilhoso balé natural.

Olhando este voo coordenado, nossa primeira e mais intuitiva impressão é que estas formas sejam dirigidas, guiadas por um agente ativo, talvez por um pássaro-líder. Mas como explicar que as instruções sejam transmitidas instantaneamente de um extremo ao outro do bando, que não raramente é formado por milhares ou dezenas de milhares de pássaros?

Se excluirmos a hipótese de comunicação instantânea, somos levados a crer, então, que cada pássaro tem em sua mente a figura precisa que deve formar no ar em cada momento. Isso, porém, envolveria um grau de coordenação igualmente improvável entre os diferentes pássaros, que teriam que observar constantemente a figura total e sua posição individual dentro desta para se adequarem. A menos que esta bela forma simétrica surja não de uma coordenação coletiva de todos os membros do bando, mas como resultado da simples interação de cada pássaro apenas com seus vizinhos mais próximos. E, na realidade, é exatamente isso o que ocorre.

Foram necessários alguns séculos de conjecturas, envolvendo até mesmo sugestões de alguma forma de transmissão telepática entre os pássaros, para que, com o advento dos computadores, se tornasse possível analisar este complexo movimento e avançar no seu entendimento. Hoje podemos descrever o movimento do bando ao supor que cada pássaro obedece a apenas três regras simples: manter uma distância mínima em relação aos vizinhos, manter-se na posição relativa de seus vizinhos, e voar na mesma direção de seus vizinhos. Estas regras, que afetam apenas cada pássaro em relação aos que lhe estão mais próximos, são suficientes para descrever o surgimento espontâneo e não planejado das lindas formas geométricas dos bandos. Se o leitor ainda está inclinado a achar que alguma forma de comunicação é responsável pelas formas discutidas acima, podemos examinar um outro fenômeno que ilustra um "sucesso" espontâneo na formação espontânea de padrões: o da geração de círculos de pedras em solos muito frios, como os famosos círculos de Spitzbergen, na Noruega, mostrado na Figura 3.4.

Como no caso dos padrões dos pássaros, somos tentados a atribuir estas formas à ação de uma intenção consciente, de humanos ou, como por vezes sugerido, de seres extraterrestres. E, como no caso dos pássaros, a explicação é ao mesmo tempo mais simples e mais complexa. Estas formas simétricas surgem de forma espontânea, como resultado apenas da contração do solo devido à baixa temperatura e da compressão de cada grão sob ação dos grãos que lhe são adjacentes. Semelhante ao caso do bando de pássaros, a explicação se encontra na interação entre cada elemento e seus vizinhos apenas, e não na existência de uma coordenação entre todos os grãos que se moveriam em uníssono com o objetivo de formar uma figura global. Além disso, aqui está mais do que claro que não pode haver comunicação entre as diferentes partes do conjunto, visto que obviamente não pode haver uma pedra-líder que transmite instruções às outras.

Figura 3.4: Padrões geométricos circulares formados espontaneamente em solos muito frios. Estes padrões se estendem por vários quilômetros, numa regularidade que parece gerada por mão humana, mas que se deve apenas à interação de cada grão com aqueles que lhe são adjacentes.

O JOGO DA VIDA

Há inúmeros outros exemplos na natureza que ilustram este fenômeno, como as ondulações da areia no deserto, os padrões geométricos em plantas ou o movimento de cardumes de peixes. Em todos estes casos, quando observamos o padrão, este nos parece claramente originado por um ato voluntário, como de um arquiteto.

E, assim como no caso das explicações dos círculos de pedras como consequência de um desenho preestabelecido ou o movimento dos pássaros como guiado por um comando consciente, o fracassado que tenta compreender seu próprio padrão de comportamento a partir de uma narrativa que lhe dê sentido pode estar se afastando da verdade mais do que a esclarecendo.

Esta narrativa "coerente" pode ocultar algo mais elementar, e ao mesmo tempo mais fundamental.

O mecanismo mais elementar pode ser mais bem compreendido através de um modelo, desenvolvido na década de 1970 pelo matemático britânico John Conway, que veio a ser conhecido como "Jogo da Vida". Conway estava tentando resolver um antigo problema matemático, proposto inicialmente pelo famoso físico John von Neumann ainda na década de 1940.

A pergunta teórica que Von Neumann procurava responder era como o homem poderia povoar Marte. Para tal, ele imaginou que seriam necessárias máquinas que extraíssem oxigênio dos minerais oxidados da superfície daquele planeta. Como seria necessária uma quantidade substancial deste elemento, seria preciso haver um grande número destas máquinas, o que iria então requerer uma máquina maior, que pudesse gerar estas máquinas extratoras de oxigênio, e estas máquinas maiores por sua vez precisariam ser construídas por máquinas ainda maiores, e assim por diante. A solução de Von Neumann foi formular um algoritmo para que as máquinas se autorreplicassem, como se fossem seres vivos. Para isto, desenvolveu um elaborado sistema, semelhante à arquitetura da replicação do DNA (que só seria descoberta décadas mais tarde), e que está na base dos vírus de computador desenvolvidos nos tempos mais atuais.

Conway levou a ideia de Von Neumann mais adiante, e se perguntou se seria possível encontrar regras simples que instruíssem máquinas a gerar qualquer configuração possível e imaginável. A engenhosa e surpreendente solução se tornou muito popular mesmo entre os não profissionais, e teve aplicações nas mais diversas áreas, tornando Conway instantaneamente famoso.

Curiosamente, sua trajetória de vida é mais um exemplo da subjetividade daquilo que chamamos sucesso ou fracasso. Conway sofria de depressão, teve casamentos destruídos e jamais se sentiu satisfeito com o sucesso de sua descoberta. Após o doutorado, atravessou uma fase em que não foi capaz de nenhuma realização profissional, e mergulhou em profunda incerteza sobre sua própria capacidade. Foi pouco depois disso que fez as descobertas mais importantes de sua carreira, e fez um juramento que jocosamente formulou como "*Thou shalt stop worrying and feeling guilty; thou shalt do whatever thou pleases*" (Não vos preocupareis nem vos sentireis culpado; fazei o que bem vos aprouver). Conway seguiu ao pé da letra esta regra, e dedicou o resto de sua carreira apenas a problemas que julgasse interessantes, o que o conduziu a não poucos resultados importantes. Sem dúvida um conselho útil para todos nós, embora muito provavelmente não tenhamos nem o gênio nem os meios do autor para segui-lo.

A solução encontrada por Conway para o problema de Von Neumann pode ser visualizada simplesmente usando-se um tabuleiro de xadrez ou, ainda melhor, do jogo *go* (que possui um número maior de casas pretas e brancas). Ao longo do jogo, cada quadradinho, chamado célula, estará ou no estado "vivo" (que pode ser marcado, por exemplo, com um feijão) ou no estado "morto" (que permanecerá vazio). Como Conway não dispunha de computadores para seu estudo, foi exatamente este processo que utilizou. O jogo se inicia com um grupo de células vivas, que no exemplo ilustrado na figura abaixo formam uma linha reta de cinco células, mas que podem formar qualquer configuração que o jogador deseje. A partir desta configuração inicial, cada célula evolui seguindo quatro regras simples:

1. Toda célula com dois ou três vizinhos vivos sobrevive.
2. Toda célula com mais do que três vizinhos vivos morre (superpopulação).
3. Toda célula com menos do que dois vizinhos vivos morre (subpopulação).
4. Toda célula morta com três vizinhos vivos se torna viva (reprodução).

Com um pouco de paciência, o leitor poderá verificar que seguindo estas regras nossa população inicial evolui como mostrado na Figura 3.5.*

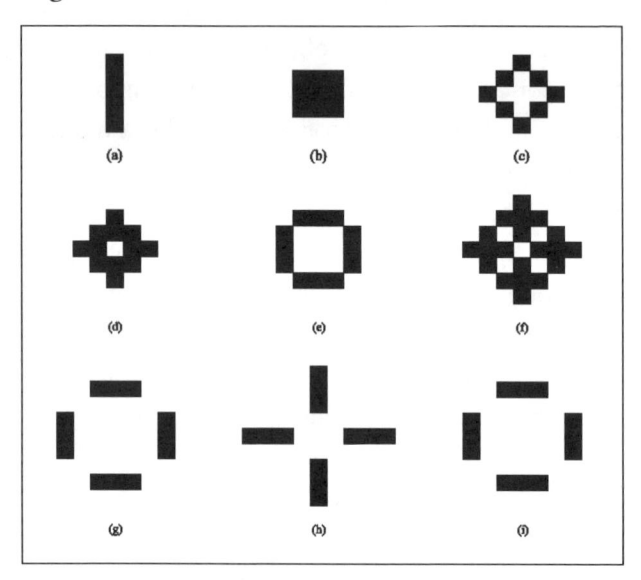

Figura 3.5: Sequência de passos do Jogo da Vida.

---

* O leitor interessado deve aplicar as regras a todas as células (quadradinhos na figura), inclusive às vazias. O termo "vizinhos" nas regras indica células adjacentes ou que se tocam em um ponto. Cada ciclo completo de aplicação das regras leva a figura de uma configuração a outra.

A partir deste ponto, as figuras "h" e "i" se repetem alternadamente, sem fim. Se escolhermos uma configuração inicial diferente, a população pode vir a desaparecer completamente, ou formar uma figura estática sem maiores atrativos. Mas, para outras configurações de partida, a população pode evoluir ao que poderíamos chamar de sucesso, formando padrões complexos e de grande beleza, que chegam a evocar elaboradas tapeçarias, como no exemplo da Figura 3.6 a seguir. Essa beleza estética dos padrões gerados pelo Jogo da Vida pode ser expressa também em termos acústicos. Transformando as sucessivas posições ocupadas pelas células do nosso tabuleiro em notas musicais por meio de um sintetizador de sons, podemos criar verdadeiras composições, que apresentam tema, ritmo e harmonia indistinguíveis de uma composição humana.

Figura 3.6: Padrão atingido após algumas interações do Jogo da Vida. A figura formada apresenta uma estrutura com simetrias, que dificilmente poderiam ser antecipadas a partir das simples regras do algoritmo.

Assim como no caso dos pássaros ou das pedras que formam figuras circulares sob ação do frio, quando olhamos este padrão somos induzidos a achar que há uma força externa com desígnios próprios que produz o resultado final. A diferença no caso do Jogo da Vida é que aqui sabemos perfeitamente que essa força somos nós mesmos, através da configuração que escolhemos aleatoriamente no início do jogo. Não apenas não visamos obter uma figura final, como mesmo que quiséssemos, não seríamos capazes de fazê-lo, pois é matematicamente impossível deduzir qual será a figura final conhecendo-se as regras do jogo, tampouco é possível escolher uma configuração inicial adequada que a produza. O único meio de descobrirmos o resultado é executando cada etapa do jogo, como fizemos acima. Temos em todos estes exemplos a situação em que uma regra estritamente "local" (ou seja, que atua apenas em relação aos vizinhos) resulta em um comportamento "global", em que aparentemente as partes se coordenaram para produzir uma figura que faz sentido como um todo.

Da mesma forma que não podemos prever o resultado, também é impossível deduzir as regras que o produziram, ainda que analisemos com infinito cuidado o padrão final. Esta pode ser, também, a situação em que nos encontramos quando nos deparamos com o fracasso em nossas vidas e tentamos compreendê-lo analisando com detalhe nossos padrões de comportamento, visando modificá-los para evitar fracassos futuros.

Um esforço mais promissor pode ser o de tentarmos identificar as "regras" que seguimos em nossas vidas, a partir da análise não de nossa situação global, mas dos sucessivos passos que tomarmos a cada encruzilhada. Ainda que não consigamos identificar as regras básicas, como no Jogo da Vida, talvez possamos ativamente alterá-las, ainda que, aleatoriamente, induzir a uma modificação no resultado e evitar o fracasso.

Naturalmente, este método apresenta ao menos dois problemas graves: primeiro, podemos acabar alterando regras que não sejam fundamentais, portanto não haverá garantia de que funcione. Em segundo, caso funcione, poderá afetar igualmente os poucos sucessos que porventura tenhamos. Uma proposta mais interessante pode ser a de seguir o conselho de Conway, e experimentarmos apenas as variantes que mais nos interessarem no verdadeiro Jogo da Vida.

4
MEDINDO O FRACASSO

Como podemos determinar se de fato fracassamos? Bastaria o mero sentimento subjetivo do fracasso para tal? Seria fracassado simplesmente quem assim se sente? Ou haveria uma medida objetiva?

Em grande parte, a percepção do fracasso surge quando comparamos o que *alcançamos* com o que *queríamos* ter alcançado. Ou, ainda, com o que *outros* alcançaram. Mas, nesta comparação, este "outro" não pode ser definido arbitrariamente. Normalmente não nos sentimos fracassados por não termos ganhado uma medalha olímpica, exceto se formos atletas. Este "outro" com quem competimos deve ser alguém semelhante, ao ponto de podermos imaginar que poderíamos ter sido ele, fossem outras as circunstâncias. Assim, quando nos comparamos com um outro, o que estamos fazendo é comparar o que almejamos com o que atingimos. Desta forma, se quisermos determinar nosso grau de fracasso, poderíamos começar por elencar em ordem de sucesso todas as pessoas que se parecem a nós do ponto de vista objetivo (formação, idade, aspecto físico…) e compararmos seus sucessos com os nossos. Seríamos tanto mais fracassados quanto mais ao final desta "lista de vizinhos" estivermos.

DINHEIRO

Um desafio que surge é como definir quão próximo do topo está alguém nesta lista. Para isso, poderíamos usar, por exemplo, o dinheiro como parâmetro. O dinheiro tem a vantagem de ser facilmente quantificável e assim facilitar a comparação. Porém, dinheiro é muitas vezes associado a valor que não merece ser perseguido, e há ao menos duas razões para isto. Uma é que perseguir o dinheiro tem um custo alto em termos de preocupação e esforço, e este esforço nem sempre é compensado pelos resultados. A outra é que a máxima de que dinheiro não compra tudo tem sua lógica: não apenas não podemos comprar saúde ou amor (embora obviamente ajude), como também há um limite em quanto podemos usufruir do que compramos.

Podemos ficar contentes com o novo sofá luxuoso e apreciarmos sua beleza e maciez, mas, se tendo dinheiro suficiente, comprarmos a cada mês um sofá ainda mais luxuoso e mais bonito, dificilmente ficaremos mais e mais eufóricos. Existe um ponto além do qual a diferença de qualidade entre os sofás se traduz em praticamente nenhum aumento de satisfação. Mais ainda, há uma dimensão biológica e humana que limita o quanto podemos absorver fisicamente do prazer. No caso do sofá, ainda que este seja cada vez mais macio, nossa coluna irá reagir a esta maciez apenas até certo ponto, após o qual não distinguimos mais entre, por exemplo, um sofá de plumas ou de algodão. Da mesma forma, quando colocamos uma fruta saborosa na boca, as células de nossa língua são sensíveis apenas até certo ponto a sua qualidade, ou o aroma de um perfume é diferenciado nas narinas apenas até certo grau de sofisticação. Uma vez atingido este ponto de saturação, o aumento do prazer virá não da qualidade do objeto usufruído, mas da vivência subjetiva daquela experiência, e esta independe do dinheiro. Neste ponto, equiparam-se o príncipe e o leitor, e não há dinheiro que possa nos levar além.

Constatados esses limites, é claro que o dinheiro, sim, compra ou facilita a rota ao prazer. Ou no mínimo evita rotas de desprazer. Muito antes de chegarmos ao estágio de saturação dos sentidos, é preciso dinheiro para se ter um sofá minimamente confortável, comprar frutas razoavelmente saborosas e perfumes agradáveis. E, ainda, antes disso, é preciso ter dinheiro para simplesmente possuirmos casa, roupas, atendimento médico etc. Neste sentido não somos diferentes do homem da caverna que sentia (imaginamos hoje) seu sucesso ou fracasso pela quantidade de caça ao final do dia ou pelo número de perigos dos quais escapou. Ambos precisamos de bens ou condições materiais que proporcionem o mínimo conforto, ou ao menos a sobrevivência.

Não é de espantar, assim, que o dinheiro (como meio de atingir estes bens) seja o mais cobiçado alvo. O dinheiro é, portanto, um candidato natural para se medir o sucesso, porque quantifica, em termos simples, nossa capacidade de transportar bens e serviços de um lado ao outro (geralmente do lado dos outros para o nosso). O dinheiro apresenta, portanto, uma dupla imagem do sucesso: por um lado, reflete nossa habilidade por tê-lo conquistado; por outro, é uma medida antecipada ou provável de nossos futuros sucessos, pois nos oferece proteção às inúmeras dificuldades que a vida apresentará.

Uma indicação de que o dinheiro pode ser uma boa métrica para a sensação de sucesso é o resultado obtido por uma pesquisa realizada pelo Instituto Gallup,[1] na qual se procurou correlacionar o grau de satisfação dos habitantes de 132 países com a riqueza destes (medida por seu Produto Interno Bruto).

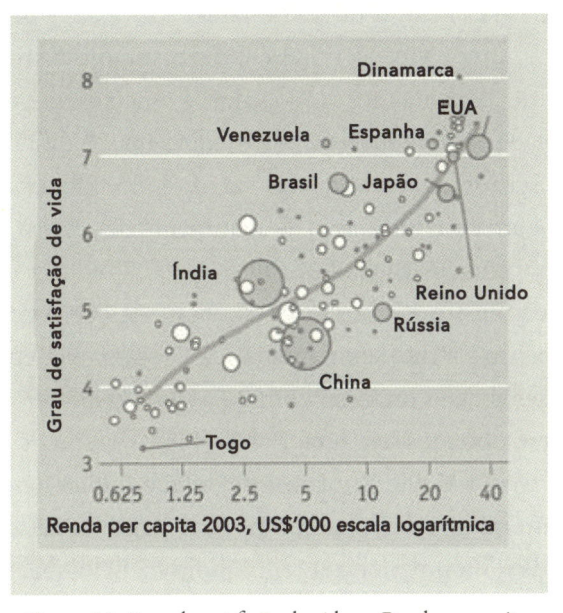

Figura 4.1: Grau de satisfação de vida vs. Renda per capita.

Os resultados desta pesquisa, ilustrados na figura acima, mostram uma significativa correlação e revelam que, ao menos no âmbito desta investigação, a máxima "dinheiro não traz felicidade" é incorreta.* Incidentalmente, a mesma pesquisa refuta também a

---

*Por falhas metodológicas e de interpretação, uma primeira versão desta pesquisa pareceu indicar que esta relação desapareceria para países acima de certo grau mínimo de riqueza. Este erro foi posteriormente demonstrado por Angus Deaton, professor da Universidade de Princeton (*Journal of Economic Perspectives*, 22, 2008, 53).

noção de que a satisfação com a própria vida aumenta com a idade, revelando, ao contrário, serem os jovens os mais satisfeitos.

Note-se, porém, que nesta pesquisa, assim como em outras similares, o que estava sendo aferido era a satisfação com a vida e não o sucesso em si. Mas satisfação e felicidade são apenas um substituto para a medida do sentimento do sucesso — pode-se ter um sem o outro, e vice-versa. Além disso, mesmo como medida de satisfação, os resultados são sob alguns aspectos questionáveis: a correlação não é muito forte, e a medida em si é difícil e subjetiva.* Desta forma, embora seja razoável imaginarmos que o dinheiro é um bom indicativo do sentimento de sucesso, esta pesquisa não é conclusiva para este fim.

Neste ponto, podemos nos perguntar por que o sentimento de fracasso ou sucesso se manifesta mais fortemente em relação às coisas pelas quais lutamos, como é o caso do dinheiro, do que àquelas que obtemos sem luta. Por exemplo, embora concordemos que termos ouvidos capazes de escutar é mais desejável do que ter um milhão de dólares, ninguém caminha pelas ruas orgulhoso de ter um perfeito sistema auditivo, pelo qual não lutamos. Hoje existem dispositivos que podem restituir a audição a pessoas até então incapazes de ouvir qualquer coisa. O que se observa quando estas pessoas implantam o dispositivo é ao mesmo tempo comovente e perturbador. Os pacientes, ao ouvir sons pela primeira vez em suas vidas, choram de felicidade e deslum-

---

* Em grande parte destas pesquisas foi efetuada a técnica de autoaferimento. Os participantes, a intervalos regulares, anotavam seu estado de espírito naquele momento, onde quer que estivessem. Em outras oportunidades, os participantes respondiam diretamente a perguntas sobre sua felicidade, o que levanta dúvidas quanto até que ponto as respostas refletem o que o indivíduo de fato sente.

bramento ao ver aberta aquela nova janela em suas vidas, numa reação contagiante e emocionante.

Podemos imaginar seus primeiros dias de descobertas após o implante, ouvindo pela primeira vez sons de pássaros e vozes de familiares. Não sabemos como serão seus dias e anos seguintes, mas sabemos que nós, que nunca passamos pelo não ouvir, não festejamos desta forma intensa cada dia de audição que temos. Nós a consideramos um direito inalienável, que certamente nos fará sofrer se perdido, mas que não nos dá um sentimento de sucesso por tê-lo. É só através da luta para recuperá-la, como no caso das pessoas que fizeram os implantes, que valorizamos a audição a ponto de a considerarmos uma conquista.

Da mesma forma, o alpinista que atinge exausto o topo da montanha sente uma satisfação que não poderia ser alcançada chegando lá de helicóptero. Pela mesma razão, casais que flertam procuram, por vezes intuitivamente, se mostrar mais difíceis de serem conquistados na esperança de atiçar o desejo do outro. Em ambos os exemplos, parte da relação entre luta e satisfação talvez venha do componente biológico de preservação da espécie, possivelmente aprimorado pela seleção natural. A antecipação do sentimento de satisfação de atingir o topo da montanha (ou de conquistar a pessoa amada) nos estimularia a nos esforçarmos para extrair o máximo de nossa limitada capacidade física. Aqueles que extraem mais prazer devido ao esforço seriam estimulados a, numa próxima vez, dedicar mais energia para atingir o objetivo, num ciclo virtuoso que só traria vantagens à sobrevivência.

Outro componente que talvez também influencie esta associação entre luta e satisfação é a já citada necessidade de justificarmos nossos atos a posteriori. Assim, tendo nos esforçado tanto durante a escalada da montanha, nossa mente e nossas palavras exageram a percepção de prazer que a escalada nos trouxe, para que desta forma nosso esforço nos pareça proporcional ao objetivo alcançado e, portanto, justificável. Ao exclamarmos "Valeu a pena!", nos sentimos normalmente mais apaziguados do que se dissermos "Tanta luta para nada...". Naturalmente, é difícil discernir entre "prazer" e "percepção do prazer", mas a *narrativa* do prazer reflete em grande parte esta necessidade de coerência. Não é outra a mensagem da famosa parábola do filho pródigo (Lucas 15: 11-32), que diz ter sido ele recebido com honras pelo pai ao retornar a casa após ter seguido caminhos tortuosos na vida. Respondendo à indignação do filho mais velho, que se sente injustiçado por não receber o mesmo tratamento, o pai lhe diz: "Meu filho, você esteve sempre comigo, e tudo que tenho é seu. Temos que celebrar e estar contentes, porque este seu irmão estava morto e está vivo novamente; estava perdido e foi encontrado." É o encontrar após ter sido dado como perdido que faz toda a diferença.

PODER

Assim como o dinheiro, o poder (ou a ausência deste) é uma métrica tentadora para se medir o fracasso. O conceito de "poder" costuma ter uma conotação negativa, e a própria palavra nos traz imagens de pressões físicas ou mentais como nações invadindo outras, chefes oprimindo subalternos ou ricos explorando pobres. Mas poder, mesmo nestes exemplos que resultam em opressão, nada mais é do que capacidade de realizar o que se deseja, alterar o universo segundo uma visão do que é certo, e de, em suma, criar. É o que nos diferencia dos objetos inanimados. Poder é também a capacidade de comandar uma orquestra e desta forma hipnotizar uma plateia com um concerto maravilhoso, ou liderar um grupo que constrói uma ponte. Neste sentido, todo sentimento de fracasso poderia ser visto como ausência de poder: ausência do poder de modificar o comportamento do chefe ou do cliente, ausência do poder de influenciar nossos filhos, de alterar os sentimentos dos outros, ou, de modo mais geral, ausência do poder de suplantar qualquer limitação. Mas o sentido que estamos dando aqui, como medida de fracasso, é o poder-comando, ou seja, o poder de legitimamente exigir e obter determinadas ações dos outros. É o poder que se manifesta, por exemplo, numa estrutura militar, ou em qualquer situação hierárquica como as que ocorrem nas relações de emprego.

Este tipo de poder hierárquico nos atrai por diferentes aspectos. Um deles é pelo sentimento de superioridade, adequado ou não, que ele traz. Quando adquirimos este tipo de poder, acreditamos que é devido apenas (ou principalmente) a nossos atributos, o que corresponde a uma visão de um mundo justo onde os méritos são recompensados.

Nesta visão de sociedade baseada em meritocracia, se conseguimos galgar os degraus hierárquicos foi porque somos mais inteligentes, ou temos maior capacidade de liderança ou outra habilidade que nos destaque e justifique esta conquista. Dificilmente encontraremos um chefe que acredite não ter as qualificações para ser chefe. É, aliás, pela mesma razão que frequentemente tentamos encontrar nos líderes políticos qualidades superiores que justifiquem por esta narrativa o poder que detêm, e é por isso também que frequentemente nos decepcionamos nesta busca. A posição de comando é vista como mera constatação de uma superioridade natural e merecida. E uma vez que interpretamos a superioridade hierárquica como devida à superioridade de atributos, somos tentados a perseguir aquela como substituto ou reconhecimento desta: queremos ser chefes porque queremos sentir que temos mais qualidades.

De forma análoga, a ausência desta superioridade hierárquica ou, ainda pior, nossa subordinação em relação àqueles que a atingiram, é percebida como devida a uma inferioridade de nossas qualidades, e desta forma vivenciamos essa relação como um fracasso. Se não temos poder é porque não possuímos as qualidades necessárias, ou talvez que não tenhamos a capacidade de alcançá-lo pela força. Nós nos conformamos e aceitamos nossa posição de poder da mesma forma que aceitamos a de não poder: em ambos os casos atribuímos essa posição como devida principalmente a nossas qualidades, e em ambos os casos nos equivocamos.

Resta a pergunta de por que a inferioridade de atributos, real ou percebida, nos provoca a sensação de fracasso. Afinal, assim como achamos natural que qualidades sejam recompensadas com posições de poder, seria razoável que aceitássemos sermos comandados se não as possuirmos. Deste ponto de vista, deveríamos nos conformar à ausência de poder da mesma forma como aceitamos o poder. Uma possível razão para esta aparente contradição é que o que gera o sentimento de fracasso é nossa percepção de não termos sido capazes de superar nossa falta de qualidades inatas através de um esforço maior, não a mera constatação de nossa falta de qualidades. Acreditamos que nos faltou muito pouco para termos sido escolhidos como líderes ou termos conseguido à força impor nossa vontade, e nos recriminamos por não termos feito um esforço maior ou mais bem direcionado.

Naturalmente, poderíamos argumentar que a própria capacidade de se esforçar é um mérito "inato", o que nos levaria à questão do livre-arbítrio, mas, sem (por ora) entrar nesta difícil questão, uma outra pergunta natural é: existe um limite para o quanto de poder desejamos?

De fato, poderíamos tentar definir em que ponto o poder é suficiente para suprir o sentimento de fracasso ou se estaríamos condenados a uma busca sem fim, ou, como nas belas palavras de Hobbes em *Leviatã*, guiados pela "tendência humana a um eterno e incessante desejo de poder após poder, que cessa apenas com a morte".

Na mesma obra, Hobbes esclarece ainda que a causa desta busca incessante do poder não é que o homem sempre almeje um prazer mais intenso do que já tenha atingido, ou que não possa se contentar com um poder moderado, mas porque ele não pode estar seguro do poder e dos meios de viver melhor, que já tem no presente, sem a aquisição de mais. E disto se segue que reis, cujos poderes são os maiores, dirigem seus esforços para assegurá-los internamente por meio de leis, ou no exterior por guerras. E quando isto é atingido, ocorre um novo desejo; em alguns, de fama por uma nova conquista; em outros, de tranquilidade e prazeres sensuais; em outros ainda, de admiração ou de serem bajulados por suas capacidades artísticas ou outra habilidade mental.

Nesta descrição teríamos uma luta sem fim por um poder absoluto impossível de ser atingido. O poder seria então uma miragem que se afasta infinitamente conforme nos aproximamos, e aquilo que deveria ser a fonte idealizada de todo o prazer passa a ser apenas uma eterna batalha "que cessa apenas com a morte". Por outro lado, para muitos de nós essa mesma ascensão sem fim pode ser prazerosa pelas conquistas parciais que atingimos em cada degrau. A busca pelo poder seria sentida assim não como uma batalha eterna por uma meta jamais atingível, mas sim como uma sucessão de pequenas vitórias, amplificadas pelo esforço exigido em cada passo. O poder poderia então ser tanto uma fonte de dor pela impossibilidade de ser totalmente alcançado quanto uma permanente fonte de prazer por nos proporcionar muitas vitórias pelo caminho. Esta parece ser a questão levantada pelo mito dos Titãs, que, ao se sublevarem contra os deuses (Prometeu roubando o fogo do Olimpo) e serem por eles derrotados, foram condenados a exercer um poder inútil. A pena de Prometeu era reconstruir seu próprio fígado diariamente comido por um abutre, a de Atlas sustentar a Terra nos ombros e a de Sísifo levar ao alto da montanha uma pedra que, uma vez lá em cima, escorregava para ser novamente levada ao topo.

Vemos assim que definir nosso fracasso a partir do poder que conquistamos nos coloca algumas questões de difícil solução. E usar o poder como métrica de sucesso traz outra dificuldade: o fato de termos mais poder não corresponde a *sentir* um maior sucesso. O pianista de uma pequena orquestra pode sentir mais o sucesso do que um solista reconhecido internacionalmente, ou um gerente sentir-se mais bem-sucedido do que o diretor que é seu chefe. Em ambos os casos a trajetória que os levou aonde estão pode ter enorme importância. Teria o gerente começado sua carreira como simples auxiliar, e a posição atual ser uma que almejou por muitos anos? Teria o diretor sido transferido de um outro setor, onde ocupava uma posição ainda mais alta? Estes exemplos ilustram dois aspectos: primeiro, o já mencionado papel da luta como parte necessária à satisfação; segundo, e relacionado a este, o fato de serem as *mudanças* em nosso estado, mais do que nosso estado em si, os determinantes do sentimento de sucesso ou fracasso.

Assim, a medida apropriada para o sucesso não deve ser apenas o quanto de poder temos, mas sim a função de fatores como a história que nos levou a este poder, e como este poder se enquadra em nossos planos originais e em suas sucessivas modificações, que são ditadas também pelo maior ou menor acerto do plano original.

Uma medida alternativa de fracasso poderia, portanto, ser o quão longe estamos de alcançar as metas que nos colocamos originariamente. Isto traz a natural questão de como aferir esta medida se as metas mudam frequentemente, seja porque foram atingidas, seja porque desistimos. E desistir de certas metas pode, em várias circunstâncias, ser a decisão mais sensata. Estaríamos mais perto ou mais longe de nossas metas quando nosso casamento se transforma em divórcio? Quando construímos a casa de nossos sonhos, ou quando nos desfazemos dela para passar a vida viajando? Neste sentido, o fracasso ou o sucesso dependeriam principalmente da finalidade proposta. Fracasso se nossa meta era manter o casamento com o cônjuge amado e viver numa maravilhosa casa, sucesso se a meta era recomeçar uma vida livre de compromissos.

É interessante notar como o poder é manifestado muitas vezes por símbolos, que se confundem com e passam a ser a própria materialidade do poder. É assim que a rainha da Inglaterra não abre mão do privilégio de poder usar a coroa real, e o chefe do escritório faz questão de ter seu nome afixado à porta ou o título de chefia impresso em seu cartão de visitas. A relatividade do poder pode ser claramente vista quando comparamos o que os reis mais poderosos do passado podiam fazer com o que hoje é considerado corriqueiro e acessível a qualquer um. Temos comidas mais saborosas, podemos viajar por todo o mundo e mais rapidamente, e exercemos poder sobre o ambiente numa escala muito superior a qualquer dos grandes reis da Antiguidade. Aliás, excetuando-se talvez o poder de vida e morte sobre os súditos, o poder de cada um de nós hoje é muitíssimo superior ao dos monarcas de outrora. Mas nem por isso eles deixavam de se achar superiores, nem deixamos normalmente de nos vermos inferiores a eles. É a posição relativa que mais importa — relativa a nossos semelhantes e a nossos contemporâneos. Porque, como mencionado antes, é com nós mesmos que estamos sempre nos comparando, na forma do "outro" que poderíamos ter sido e não fomos. Ter um automóvel confortável hoje, enquanto os reis da Idade Média suportavam incômodas carroças, não é tão importante se nosso carro é inferior ao de nossos conhecidos, ao passo que a charrete do rei era a melhor da corte.

Naturalmente há pessoas que dão mais e outras que dão menos importância ao poder. Isto se deve em parte aos valores de cada indivíduo: há aqueles que desdenham do poder, porque o que lhes importa é apenas atender aos valores próprios, enquanto outros têm o poder como meta última a ser alcançada. Estes valores são incutidos em cada um de nós desde a infância, e depois de crescidos, às vezes, os substituímos por outros construídos através da razão. Muitas vezes, porém, os valores incutidos na infância permanecem pela vida toda, com consequências que podem ser positivas ou negativas.

Há também aqueles que, em virtude de um fracasso real ou percebido, passam a criar uma narrativa que dê sentido a este fracasso. Esta narrativa pode ser simplesmente a de dizer que as uvas estavam verdes, como a raposa, e negar ter desejado o poder. "No fundo eu não queria" e similares são frases usadas para vestir a posteriori com roupagem nobre algo que, ao contrário, fora uma imposição dos eventos.

Para o observador externo não transparece facilmente se este desapego se deve de fato a valores morais ou se são apenas descrições artificialmente criadas. É apenas através de introspecção que cada um pode descobrir onde se enquadra nesta variedade de posturas.

Além do sentimento de superioridade já discutido, há um outro atrativo na posição de comando. Comandar significa que podemos amplificar o efeito de nossos atos. Em vez de erguer uma parede, passamos a erguer prédios; em vez de organizarmos uma prateleira, organizamos toda uma empresa. É como se passássemos a ter múltiplos braços, capacitando-nos a exercer mais e melhor o que desejamos, com poderes quase sobrenaturais. Mais uma vez poderíamos nos indagar o porquê desta necessidade de multiplicar e ampliar nossos atos, mas isso seria o mesmo que perguntar por que desejaríamos realizá-los, ainda que sem multiplicá-los. A resposta é a mesma: trata-se do instinto vital de expansão de nosso potencial criativo, o que de certa forma não é muito diferente da árvore que cresce e expande suas raízes nos lugares mais improváveis, empurrando pedras e outros obstáculos no processo. Simetricamente, a posição de subordinação traz consigo as limitações de termos que seguir ordens mesmo se estamos em desacordo, ou a limitação de não podermos agir quando vemos claramente uma alternativa. Nesses casos, em vez de multiplicarmos os nossos braços estaríamos amputando um deles.

Tão prazeroso é o sentimento de poder sobre os outros que ele facilmente nos leva a contar com este braço adicional como garantido e natural. Assim, passamos a depender de nossos comandados para realizar todos os nossos projetos, e para alimentar esta dependência precisamos constantemente ampliar o número e qualidade daqueles sobre os quais temos poder. E tanto nossa dependência em relação aos comandados quanto o desejo de fiel cumprimento de nossas instruções contribuirão para nosso sentimento de fracasso. A dependência porque ela rapidamente evidenciará nossa incapacidade de realizarmos sozinhos nossas metas. O desejo porque o comandado irá, em algum ponto, pela própria natureza humana, se rebelar contra esta relação de poder. Desta forma, o poder, apesar de ser meio e consequência do sucesso, traz em si as sementes do sentimento de fracasso.

Este processo não é diferente daquele enfrentado pelos grandes impérios através da história. De Alexandre, o Grande, a Napoleão, de Gengis Khan ao Império Britânico, as nações se expandem, passam a "sentir prazer" no domínio de outras e em submetê-las aos próprios interesses. Neste processo de submissão, acabam por estabelecer uma dependência que, cedo ou tarde, cede ao fracasso. Assim, grandes obras são executadas por braços escravos e os habitantes da metrópole se sentem cada vez mais poderosos, e mesmo superiores, ao verem suas ideias implementadas e tornadas realidade. Naturalmente, cada obra construída sob comando do império é uma obra não realizada sob desenho dos comandados, e, portanto, a nação dominante tem oportunidade de apreciar apenas suas próprias obras e não as que nunca foram realizadas pelos dominados, o que reforça e justifica seu sentimento de superioridade e seu desejo de se expandir cada vez mais. Em algum momento estes "braços" acabam por se rebelar e os impérios desmoronam. E todos os impérios acabam desmoronando, pois todos passam pelas mesmas armadilhas. Este desmoronar é um fracasso proporcional ao apogeu. Também na queda a semelhança entre os impérios e as trajetórias individuais se manifesta. Um milionário que perde sua fortuna, ainda que retenha uma razoável quantia, se sentirá mais fracassado do que alguém de poucos recursos que gradativamente galgue os degraus e atinja o mesmo ponto. Seguindo esta lógica e antecipando o que provavelmente irá ocorrer, deveríamos talvez antecipar a conclusão e olhar o poder como sinal de fracasso, não de sucesso. Cada ascensão traria consigo um alerta, cada promoção seria motivo de alarme. Isso não ocorre na prática, porque temos a expectativa de que ainda que o fracasso seja inevitável os benefícios do domínio, enquanto duram, suplantam a dor de sua muito provável perda. Mais ainda, sabendo da provável efemeridade do poder, tentamos por vezes extrair o máximo dele enquanto dura, o que por sua vez pode acelerar o processo da perda.

GLÓRIA

Dinheiro e poder são medidas quantificáveis, visíveis e objetivas. Uma outra medida de sucesso, que muitas vezes é associada a estas duas, é a glória. A glória, ou fama, é basicamente uma medida do reconhecimento alheio do valor de nossas realizações, e sua ausência pode contribuir para o sentimento do fracasso. Competições esportivas são cenários comuns em que isso pode ser aferido. Um exemplo interessante que ilustra alguns aspectos da glória e do sentimento de fracasso foi observado na última partida da Copa do Mundo de 2014. A partida foi transmitida ao vivo, assim como os momentos após o término e a entregas de medalhas. Graças a poderosas lentes, as câmeras captaram os gestos e expressões dos jogadores com minúcia microscópica, permitindo a um bilhão de espectadores observarem em detalhes íntimos a reação dos jogadores ao final. A seleção argentina, vice-campeã, era o retrato do sentimento de fracasso. Os jogadores revelavam um cansaço mais do que físico, com posturas e gestos de total abandono. O capitão da equipe, cabisbaixo, não respondia nem reagia aos inúmeros fãs que tentavam tocá-lo como forma de elogio ao excelente desempenho. Ao abaixar a cabeça para receber a medalha, mais parecia estar estendendo o pescoço à guilhotina do que sendo condecorado por representar a segunda melhor equipe do mundo. Nas inúmeras entrevistas que se seguiram ao evento, os jogadores expressaram diversas vezes a mesma ideia: apenas o primeiro lugar contaria como meta atingida. Curiosamente, a equipe holandesa, que obteve o terceiro lugar, teve reação oposta: apresentou um ar festivo e comemorativo, e os jogadores exibiam sorrisos alegres em entrevistas e fotografias na imprensa.

Há alguns pontos interessantes em ambas as reações. Um deles é que há certa lógica em o terceiro colocado expressar mais sucesso do que o segundo. A Holanda, tendo vencido o Brasil na disputa pelo terceiro lugar, entrou no seleto grupo de medalhistas (não há medalhas para o quarto colocado). Sua comparação era entre entrar ou não neste grupo, e neste sentido alcançou a meta. Já a Argentina, tendo garantido a medalha, contemplava agora a meta seguinte, o primeiro lugar, e neste sentido ter chegado em segundo foi uma derrota. Ter chegado tão próximo ao título máximo, sem tê-lo atingido, causa um sentimento de fracasso maior do que sequer ter chegado a este ponto. Esta reação é comum em eventos esportivos, e é frequente vermos no pódio um terceiro lugar sorridente e um segundo lugar cabisbaixo.

Outro aspecto interessante é a lógica de que apenas a vitória total conta como sucesso. Nada menos do que isso poderia trazer satisfação, nem mesmo ser a segunda melhor equipe do mundo, com todas as recompensas que isso traz. Essa ideia de que "o importante é vencer" é muitas vezes citada como sendo de autoria de Pierre de Coubertin, o organizador das Olimpíadas contemporâneas. Na verdade, sua frase foi outra: "O importante na vida não é o triunfo, mas o combate, o essencial não é vencer, mas lutar." Como se vê, a frase tem sentido quase oposto, e, mais do que isso, se refere à vida, não apenas às competições esportivas, levantando assim outras perguntas. Uma delas é: por que, tanto nas competições como na vida, o preceito de Coubertin não é seguido, e as medalhas vão ao vencedor, e não ao perdedor que tenha "combatido bem"?

Uma resposta possível tem a ver com a dificuldade de se determinar quem combateu melhor. No caso dos torneios de futebol, poderíamos talvez atribuir pontos a bolas que acertaram a trave ou mesmo a passes elegantes ou defesas eficazes, semelhante ao que se faz em ginástica olímpica ou nado sincronizado. Para isso, teríamos que observar em detalhe todos os movimentos dos 22 jogadores durante os 90 minutos da partida, tarefa difícil, mas não impossível. Já na vida, para atribuirmos medalhas aos que se esforçam, seria necessário monitorar constantemente uma enorme quantidade de pessoas durante toda a vida e avaliar quais as que se esforçaram mais. Esta dificuldade nos leva a buscar um atalho: simplesmente contamos os gols nos jogos de futebol ou os marcos de sucesso na vida, como dinheiro ou posição hierárquica, tendo como pressuposto que o maior número de gols indica a melhor equipe, e a maior conta bancária indica maior capacidade (ao menos em algum domínio). Mesmo entre autores de artigos científicos aplica-se critério similar, quando se julga o mérito de um pesquisador pelo *número* de artigos publicados (independentemente da qualidade). E a razão em todos esses casos é a mesma: a necessidade de simplificar o julgamento, correndo-se o risco de um resultado impreciso e por vezes desprovido de sentido.

Outro aspecto que se pode inferir da frase de Coubertin é o significado da palavra *combate*. Essa palavra pode ser entendida como o combate contra o adversário, mas também como o combate com nossas próprias limitações. No exemplo dos esportes, não apenas temos que superar a marca atingida pelos outros competidores como também combater e superar nossos próprios limites. E este aspecto pode também, como na frase de Coubertin, ser estendido para situações da vida. Temos constante e inevitavelmente limitações de toda ordem em nossas batalhas, diárias ou existenciais. Somos forçados a adequar nossos gastos ao orçamento doméstico, nossa saúde muitas vezes dita quais atividades podemos fazer, e nossa influência sobre os atos dos outros esbarra constantemente com os desejos destes.

Estas limitações, tanto no caso do esporte quanto na vida, podem por vezes ser vistas como oportunidades de superação, o que confere um valor ainda maior a nossas realizações. Uma analogia seria o caso de um pintor que se propõe a fazer um quadro utilizando somente duas cores e que, lançando mão de técnicas ou recursos artísticos, consegue superar essa limitação e produzir um quadro excelente, no qual a excelência provém exatamente da capacidade de suplantar a limitação (no caso voluntária). Neste sentido, a importância do *combate* na frase de Coubertin viria da oportunidade que temos de exercer nossa criatividade cada vez que combatemos uma limitação, o que ocorre praticamente o tempo todo. Esta interpretação serve de alento aos que constantemente travam batalhas com suas restrições ou seus defeitos.*

---

*A expressão *combat* de Coubertin tem sido traduzida como *combate* e também de duas outras maneiras, *competi*ção ou *participa*ção. A nosso ver, a tradução que melhor se aplica é *participação*, pois consideramos que em grande número de atividades em que as pessoas se engajam o conceito de participar e o sentimento de participação são maiores do que o de competição. Pensamos que é lamentável que nas Olimpíadas a participação na maioria das vezes seja ofuscada pela competição. Isso parece se dever não apenas ao fato de que a vitória passou a ser interpretada como uma vitória do país a que pertence o vencedor, mas também porque é mais uma vez uma evidência do espírito altamente competitivo dos humanos.

TEMPO PERDIDO

Outro possível parâmetro para ordenar nossa Lista de Vizinhos e encontrarmos nosso lugar na escala do sucesso é o tempo desperdiçado. Apesar das inúmeras máximas que alegam que o tempo jamais é desperdiçado e que toda experiência pode ser usada para nosso crescimento, é difícil negar que há atividades que desejamos fazer e outras que não. Das primeiras extraímos um sentimento de realização e contentamento, e das outras apenas gostaríamos de nos desvencilhar o mais rapidamente possível. E na maior parte das vezes podemos claramente separar umas das outras. O fracasso seria assim medido simplesmente pelo tempo que usamos, ou, poderíamos mesmo dizer, gastamos, de forma diferente à que desejamos. Assim, uma hora passada realizando um trabalho repetitivo em vez de um criativo é uma hora perdida. Se nosso trabalho consiste em carimbar envelopes quando gostaríamos de reger uma orquestra, então o tempo passado no trabalho seria desperdiçado, irrevogavelmente perdido, em uma concreta e direta medida de nosso fracasso.

São muitas as atividades que realizamos e que poderiam se classificar como tempo perdido. De lavar a louça a esperar um ônibus ou preencher a declaração de imposto de renda. Em cada uma poderíamos nos consolar ponderando que são atividades necessárias, úteis ou inevitáveis. Mas um segundo olhar nos convenceria de que, na verdade, assim o são apenas por sermos quem somos, ou, ainda, por sermos fracassados. Em cada um desses exemplos, nossa escolha seria diferente se fôssemos um príncipe, a menos que tivéssemos enorme prazer em lavar louça. Fosse realmente um desejo, veríamos com frequência monarcas e milionários se empenhando em passar algumas horas junto à pia sempre que tivessem oportunidade. Ou seja, embora possamos encontrar justificativas, utilidade ou mesmo inesperados prazeres nas atividades indesejadas, ainda assim elas não são nossas primeiras escolhas (talvez sequer as últimas). Essa consciência do tempo perdido é um dos maiores fatores de nossa percepção de fracasso. E em que usaria seu tempo o príncipe? Certamente terá também momentos, ainda que raros, em que desejaria estar cavalgando em vez de participar de algum cerimonial monótono, mas isso significa apenas que mesmo um monarca perde tempo. Porém, isso não elimina o fato de que nós perdemos ainda mais.

Nossa Lista de Vizinhos, exceto para alguns raros leitores, não inclui a realeza nem ganhadores do Nobel, pois a comparação apenas faz sentido entre quem somos e quem poderíamos ter sido, com poucas mudanças. A ordenação por tempo perdido pode, porém, ser estendida tanto a pessoas que julgamos comparáveis a nós quanto aos "eus" imaginados em cenários alternativos. Cada instância de momento perdido em atividades indesejadas é adicionada ao nosso grau de fracasso, aproximando-nos mais (ou menos) do final da lista.

Poderíamos argumentar que carimbar envelopes é um trabalho útil à sociedade e de certa forma agradável, pela paz e simplicidade que oferece. Mas isso seria se desviar do ponto. Porque, se estivéssemos convencidos desses argumentos, então carimbar envelopes seria algo que desejamos, e pela definição proposta não se somaria ao nosso fracasso. Tampouco o argumento "há coisa pior" nos consolaria. Embora haja sempre coisas piores do que fazemos, nem por isto deixamos de querer o que queremos.

Resta, no entanto, uma consideração importante a ser feita: por vezes conseguimos encontrar prazer mesmo realizando atividades que se enquadrariam em "tempo perdido", e isso pode modificar a percepção da "perda" em diversos graus. Por exemplo, se estamos num congestionamento e conseguimos usufruir da música que toca no rádio, continuamos sofrendo o dissabor do trânsito e certamente preferiríamos estar ouvindo a música em circunstâncias mais agradáveis, mas o sentimento de fracasso será atenuado. Um caso ainda mais favorável é quando, realizando uma tarefa que consistiria em "tempo perdido", conseguimos nos concentrar de tal forma em algo prazeroso (por exemplo, uma conversa com um amigo) que sequer sentimos o tempo passar, e o sentimento de fracasso neste caso é totalmente anulado. Por fim há casos, infelizmente raros, em que conseguimos mudar a natureza da atividade que contribuía para a sensação de tempo perdido. Por exemplo, um casal que diariamente tem que lavar a louça após o jantar pode transformar aquele momento numa oportunidade para uma rotina de conversas íntimas, unidos pela tarefa comum. O ato que inicialmente contribuía para o sentimento de fracasso passou a ser um catalisador para um momento prazeroso. Assim, a atividade principal deixou de ser a de lavar a louça e passou a ser a conversa, e o fracasso se transformou num sucesso.

O parâmetro Tempo Perdido para ordenar a Lista de Vizinhos é mais exigente do que o parâmetro Dinheiro. Ainda que se acumulasse enorme fortuna carimbando envelopes, isso não compensaria o tempo perdido em atividades indesejadas, e continuaríamos sendo fracassados. No entanto, podemos pensar em algumas dificuldades. Por exemplo, se passar cinco anos carimbando envelopes for o caminho mais eficiente para atingirmos o posto de chefe dos Correios, e este for nosso maior objetivo, seriam os cinco anos adicionados à medida de fracasso? Ou, num caso extremo, se formos promovidos um dia antes de morrer, deixaria de ser fracasso toda uma vida passada a carimbar? Existe algum ponto onde a recompensa traria, retroativamente, sentido ao tempo desperdiçado?

Para muitos a resposta, tristemente, é negativa. Porque nenhuma recompensa teria o poder mágico de trazer o tempo de volta. Para outros, talvez como forma de se consolar ou de encarar com sabedoria os desvios que a vida nos impõe, ainda que tardio o sucesso é compensador. No belo soneto "Sete anos de pastor Jacob servia", Camões relata a famosa história bíblica de Jacob, que tendo trabalhado como servo por sete anos para obter sua amada Raquel, foi ludibriado pelo sogro e teve que trabalhar mais sete. No poema, Jacob declara que se necessário trabalharia ainda mais se isto fosse necessário para obtê-la.

Sete anos de pastor Jacob servia
Labão, pai de Raquel, serrana bela;
mas não servia o pai, servia a ela,
e a ela só por prêmio pretendia.

Os dias, na esperança de um só dia,
passava, contentando-se com vê-la;
porém o pai, usando de cautela,
em lugar de Raquel lhe dava Lia.

Vendo o triste pastor que com enganos
lhe fora assim negada a sua pastora,
como se não a tivera merecido,

Começa de servir outros sete anos,
dizendo: Mais servira, se não fora
pelo tão longo amor tão curta a vida!

Naturalmente, persiste a pergunta: haveria um ponto onde Jacob simplesmente não teria mais tempo? E esta pergunta levanta um outro aspecto, que é se o fracasso deve ser medido instantaneamente, à medida que o tempo passa, ou através de uma leitura do passado. Em outras palavras, uma pergunta a fazer é: *Você se sente fracassado?* Outra pergunta é: *Você sente que sua vida foi um fracasso?* Por vezes uma sucessão de fracassos é um caminho cujo sentido fará sentido apenas mais tarde. Neste caso, embora tenhamos vivenciado inúmeros momentos em que nos sentimos fracassados, a certa altura podemos olhar para trás e avaliar que o todo faz sentido de um modo que não pôde ser percebido à época. Da mesma forma, aquilo que nos parecia uma sequência de sucessos pode a certa altura ser percebido como um grande engano, e o resultado um grande fracasso.

Há outro aspecto no Tempo Perdido que merece ser mencionado: até que ponto conseguimos usar de forma eficiente o tempo que não é perdido? O que estamos fazendo quando não somos obrigados a enfrentar o trânsito ou lavar a louça? Naturalmente, se somos um Mozart, cada minuto gasto em tarefas desagradáveis é um minuto não usado para compor sinfonias e, portanto, é tempo desperdiçado. Mas, para o resto de nós, quantos minutos, horas e dias são igualmente desperdiçados não porque necessidades externas nos obrigam, mas por nossa falta de capacidade de usá-los melhor? O tempo de ócio? O tempo perdido em recriminações, arrependimentos, irritações por pequenos incidentes, brigas que não nos merecem? Seriam estas ocupações mal orientadas etapas necessárias para sermos quem somos? Provavelmente a resposta está no meio-termo. Se certa dose de ócio pode ser produtiva para recuperar nossas energias, seu excesso é simplesmente um grande desperdício de nosso maior bem, que é a própria vida. Se alguma parcela de conflitos pode enriquecer nossa experiência humana, em demasia ela apenas corrói e desvia nossa energia. A métrica do Tempo Perdido deve, portanto, incluir também o tempo usado de forma inconsequente por nossa própria escolha, o que nos leva à questão maior: Quais objetivos queremos perseguir no limitado tempo de que dispomos em nossa vida?

O AFETO DOS OUTROS

Como vimos, podemos medir o fracasso ou o sucesso de diferentes formas. Uma, porém, é quase universal: a conquista do amor, do afeto e da amizade dos outros. Ao final da vida, é comum as pessoas lamentarem não ter investido mais em suas relações afetivas, seja com os filhos, o cônjuge, pais ou amigos.

Naturalmente, amor e amizade são importantes durante toda a vida, não apenas à beira da morte, e talvez estas palavras reflitam muito menos uma sabedoria adquirida nos momentos finais do que o simples fato de que, perto da morte, o conforto de uma mão nos acariciando é muito mais concreto do que uma fortuna acumulada que já não teremos tempo de utilizar. De fato, seria algo estranho se em cada dia de nossa vida tivéssemos erroneamente percebido como importantes as pequenas batalhas que nos consomem diariamente, apenas para subitamente mudarmos de ideia ao se aproximar o momento final. Mais provável é que este último momento não seja diferente dos muitos outros de fragilidade física ou emocional, nos quais sentimos a necessidade de amor para recuperar as forças.

Além disso, ao final da vida frequentemente o que mais se valoriza é o que se teve de menos, e é comum acharmos que fomos menos amados do que gostaríamos. Aqueles que atingiram o sucesso ou a riqueza passam a ver suas conquistas materiais como realizações menores, e o interesse se concentra no que falta — no caso, o carinho dos outros.

De uma ou de outra forma, ao longo ou ao final da vida o fracasso pode ser medido pela ausência de relações amorosas e afetivas, e por justa razão: mesmo os mais empertigados e distantes almejam o amor alheio. Aliás, esse sentimento se estende inclusive a animais, e aqueles que têm cães ou gatos em casa sabem como estes se apegam ao dono e buscam seu carinho. De forma paralela, a solidão pode representar o mais severo castigo na vida de alguém. Um exemplo interessante e cruel disso é visto no sistema penitenciário. Neste, a punição mais temida é a "solitária": uma cela onde o prisioneiro fica detido sem contato algum com outras pessoas. Ou seja: a maioria prefere as constantes violências, agressões, brigas físicas e verbais que dominam a ala dos prisioneiros comuns à suprema punição de ser privado deste convívio. Fora dos presídios, as relações interpessoais também são desejadas, mesmo que extremamente dolorosas. Neste sentido, não ter amizades ou amores na vida significa ser condenado à solitária enquanto livre.

Devemos notar, porém, que nem todos sofrem da mesma forma diante da solidão, e esta pode não afetar a felicidade. Isso está mais relacionado a uma postura interna diante da forma como abordamos a vida do que com as circunstâncias externas.

METAS E VALORES

Entre dinheiro, poder, uso do tempo, relações humanas ou outro critério, uma questão fundamental para a percepção do fracasso são as metas que estabelecemos. Ou, para usar outra palavra, nossas *ambições*. Sendo nossas ambições o que determina o grau de nosso sentimento de fracasso, uma pergunta natural que surge é: não bastaria reduzir ao máximo nossas ambições para evitar o sofrimento causado pelo fracasso? Não seria essa, de certa forma, a tese da filosofia budista?

Uma dificuldade do que poderíamos, muito simplificadamente, chamar de projeto budista é que se, por um lado, ao se reduzir o desejo reduz-se o sentimento do fracasso, por outro reduzimos o enorme prazer da conquista, importante para o sentimento do sucesso. Atingiríamos, assim, um estado de extremos suprimidos, tantos os bons quanto os ruins, que — exceto para os pouquíssimos capazes de atingir um nirvana de pura contemplação — implicaria também a ausência do sentimento de sucesso. Pode-se pensar também que, quando conseguimos aceitar os fracassos como elementos naturais e inevitáveis da vida, há um forte declínio do sentimento de frustração e também do sentimento de culpa.

Os jogadores profissionais de pôquer, por exemplo, sabem por experiência que o fracasso e a derrota surgem apesar de um desempenho impecável, o que os leva a serem, em geral, bastante serenos frente a reviravoltas negativas tão comuns na virada das cartas, e que ocorrem igualmente em nossas vidas. Atualmente é possível acompanhar campeonatos de pôquer ao vivo pela televisão, e é interessante ver a aparente tranquilidade com que, na maioria das vezes, o perdedor deixa na mesa quantias milionárias sem demonstrar maiores sofrimentos. Aliás, quase todo tipo de jogador profissional costuma mostrar serenidade frente aos malogros, porque estes sempre surgem, muitas vezes quando menos esperados. É possível que isto se dê pelo fato de que os jogos continuam e novas competições sempre estão a surgir (diferentemente do citado caso da Copa do Mundo) e, portanto, os jogadores nunca perdem a esperança de que um bom futuro compense a perda, assim entendida como momentânea. Para o jogador profissional, a vitória não é tão importante quanto o sucesso profissional que muitas vezes não está diretamente associado a ela, mas sim ao desempenho, o que é algo bastante diferentemente — principalmente em esportes coletivos. Nestes casos, o atleta pode sofrer grandes derrotas sem macular seu desempenho.

Por outro lado, se admitimos que ter metas e ambições é algo positivo, desde que se possa conviver com a impossibilidade de atingir algumas delas, a questão do fracasso se traduziria em determinar quais são nossas metas, e estas são ditadas primordialmente pelo que poderíamos chamar de valores. Valores éticos, morais ou existenciais determinam quais batalhas valem a pena ser travadas, quais os objetivos maiores que temos na vida, e as linhas norteadores em torno das quais nossas decisões e reações irão gravitar.

* * *

Grande parte dos problemas emocionais que embaraçam a vida das pessoas se origina de valores e conceitos mal compreendidos ou mal ensinados. Nossos princípios estão baseados em crenças que desenvolvemos desde a infância. E não são somente crenças religiosas, mas também culturais. Somos ensinados a acreditar que determinadas coisas são certas e belas, outras erradas e feias. Ao nos tornarmos adultos, por vezes vale a pena revisar nossas crenças e determinar, pelo raciocínio, quais valores nos são realmente importantes.

Certezas absolutas e verdades inabaláveis fazem parte do repertório das mentes infantis e juvenis. As lições de vida costumam ser oferecidas às crianças de uma forma muito autoritária e radical. Pais e educadores formulam conceitos prontos, ideias preconcebidas, e os apresentam aos jovens como sendo verdades absolutas e inquestionáveis. Na puberdade, em um movimento natural e espontâneo, os adolescentes começam a desenvolver uma saudável desconfiança sobre o que lhes foi dito e o que aprenderam ao longo dos primeiros anos de vida. Questionam e tentam refutar os conceitos que lhes são apresentados e iniciam um processo de revisão de conhecimentos e de códigos, éticos e estéticos.

Para a maioria das pessoas, este processo de questionamento e revisão perde o fôlego na medida em que os jovens vão se tornando adultos e novas preocupações invadem suas vidas. No começo da idade adulta, ocorre um processo de cristalização de conhecimentos e conceitos. Tal processo ajuda as pessoas a solidificarem seus pensamentos, o que nessa fase da vida contribui para um melhor posicionamento frente às novas dificuldades existenciais que se apresentam. Indo em direção à maturidade e à sabedoria, muitos recuperam a capacidade de mudar de opinião e aprender com as novas experiências.

Tendo em mente que nossa existência, e em grande parte nosso sentimento de fracasso e sucesso, se guia por nossos valores, é útil estarmos alertas no sentido de permanentemente questionar tais valores e manter uma clara visão sobre eles. Isso significa observar a influência deles em nossas opções cotidianas e, na medida em que nossa experiência de vida se avoluma e novas informações, novos conhecimentos e novas reflexões se acrescentam, estarmos prontos a revisá-los. Em pequenos atos da vida diária podemos esbarrar com valores inadequados, muitas vezes oriundos de informações equivocadas que nos foram oferecidas e que aceitamos à falta de um melhor conhecimento.

Podem ser detalhes pouco relevantes, como o tipo predileto de roupa, a forma como se amarra um sapato e até mesmo determinado hobby. Valores que passam despercebidos podem influenciar de forma decisiva na escolha da profissão, ou na preferência de determinadas características do parceiro, na opção por amizades e assim por diante. Estas escolhas — tão importantes — podem depender de valores sobre os quais muitas vezes se tem pouca ou mesmo nenhuma consciência. Valores estão também profundamente ligados a escolhas religiosas e a formas de desenvolver — ou não — a espiritualidade, e até mesmo a aceitação da existência desta e as razões para valorizá-la ou não.

Valores culturais determinam a forma mais adequada — para os integrantes de cada cultura — de cumprimentar as pessoas, de se vestir e de se portar durante uma refeição. O mesmo ocorre em relação à sexualidade, na busca do parceiro sexual e afetivo e na forma de estabelecer e manter relações.

Estando alerta para estas investigações, uma pessoa pode perceber com mais facilidade o quanto determinados valores interferem e influenciam, positiva e negativamente, seu comportamento e sua vida. Tais questões podem passar despercebidas ao longo da vida se um olhar crítico não for desenvolvido. Pessoas que transitam por diferentes culturas têm maiores chances de desenvolver um olhar mais agudo para perceber as diferenças.

Quanto à atividade de revisão de valores, deve-se notar que, enquanto houver possibilidade de uma pessoa se aprimorar, tal tarefa estará sempre sendo realizada. Há sempre algo a ser melhorado em nosso comportamento, e isto por si só é um incentivo para a busca da excelência pessoal. Cabe indagar até que ponto nossos valores nos escravizam ou se são apenas conselheiros. Quanto mais visíveis estiverem, mais facilmente serão alvo de nossa visão crítica e, portanto, da possibilidade de serem relativizados ou até descartados.

A auto-observação nos permite constatar aspectos pessoais como disciplina ou rebeldia, a relevância destes aspectos, bem como traçarmos a origem delas, ou seja, os motivos que levam uma pessoa a ter um comportamento em que predominam certos atributos. Sempre se deve levar em conta que, a depender das circunstâncias, um atributo pode ser tanto uma qualidade quanto um defeito. Ter flexibilidade para evitar ficar escravizado a uma determinada forma de agir é uma conquista a ser prezada.

Ao longo da vida, é de se esperar que diferentes valores inerentes a uma pessoa sejam conflitantes em algum momento. É então a ocasião de estabelecer uma hierarquia. O que será mais importante, o conforto ou a honestidade, quando um comportamento desonesto puder propiciar um acúmulo de bens capaz de aumentar o nível de conforto? Ou, mais dramaticamente, será aceitável praticar um roubo com a finalidade de obter recursos para custear um caro tratamento de uma pessoa querida?

A importância do questionamento de valores é enfatizada na história de uma suposta pesquisa em que quatro macacos eram colocados em uma jaula onde havia uma escada com um cacho de bananas no topo. Quando um macaco subia a escada para apanhar as bananas, um mecanismo dava choques elétricos nos que estavam no chão. Depois de certo tempo, quando um macaco ia subir a escada, os outros o impediam com pancadas. Passado algum tempo, nenhum macaco subia mais a escada, apesar da tentação das bananas. Então, o cientista desligou a eletricidade e simultaneamente substituiu um dos macacos. A primeira coisa que ele fez foi subir a escada, sendo rapidamente retirado pelos outros, que o surraram. Depois de apanhar, o novo integrante do grupo desistiu de pegar as bananas. Um segundo foi substituído, e o mesmo ocorreu, tendo o primeiro substituto participado, com entusiasmo, da surra ao novato. Finalmente, um terceiro e o último foram trocados, repetindo-se os fatos. Sobrou, então, um grupo de macacos que, embora nunca tivesse tomado choques, continuava batendo em quem tentasse pegar as bananas. Se fosse possível perguntar a eles por que espancavam quem subia a escada, a resposta provavelmente seria: "Não sei, foi assim que eu aprendi." Muitas vezes agimos como os macacos desta fábula, repetindo comportamentos ensinados sem questionar a razão deles.

Nossos valores vão determinar o sentido que daremos — ou pretendemos dar — a nossas vidas. Temos, mesmo que por vezes sem perceber, uma hierarquia de prioridades e ideais. Filósofos enfatizam a importância da felicidade como meta de vida. A questão se complica quando temos de responder à pergunta: O que me faz feliz? Muitas pessoas valorizam o acúmulo de bens e riqueza como objetivo de vida e fórmula de felicidade. Mas tal acúmulo não costuma saciar e, à medida que uma meta é atingida, outra surge, e assim indefinidamente. Já foi apontado que o *ter* não funciona tão bem como objetivo quanto o *ser*, porque este segundo tipo de busca oferece melhor possibilidade de satisfação plena.

Afastado o acúmulo de bens, permanece uma vasta gama de escolhas. O que cada um quer da vida? Aplausos? Amor? Reconhecimento? Neste aspecto, vale a questão da saciedade: quanto é necessário para proporcionar paz de espírito? Qual o sutil limite entre o que será recebido como sucesso ou rejeitado como fracasso? Em grande parte, depende das expectativas que cada pessoa constrói sobre sua vida. Para quem sonha com o Prêmio Nobel, uma cátedra universitária será um amargo resultado. Tais desejos estão vinculados a princípios e valores, mas essencialmente à pressão de corresponder a uma expectativa estabelecida a priori sobre uma meta existencial. Chega um momento na vida em que é necessário se fazer uma revisão de tais metas, para adequá-las a uma percepção mais realista das capacidades e possibilidades pessoais. Ocorrências imprevistas e imprevisíveis fazem parte da vida de todos nós. Estes acontecimentos terão peso na reformulação de nossas metas para melhor ajustá-las a uma nova realidade ocasionada pelos fatos inesperados que a vida nos oferece.

Buscar a paz de espírito — que seria um possível sinônimo de felicidade — gera uma nova pergunta: O que nos traz paz de espírito? Voltamos a nossas metas, e assim a nossos princípios e valores. Cabe lembrar que os animais chamados de irracionais não parecem apresentar nenhuma dificuldade em relação a como viverem suas vidas melhor e mais adequadamente. Procuram suprir suas demandas instintivas de sobrevivência individual e da espécie. Alimentação, sexo, conforto e proteção parecem suficientes para garantir um estado que aparenta ser de paz e felicidade.

O que nos diferencia deles é, supostamente, a razão, visto que nos consideramos racionais e a eles nem tanto. Em que sentido, então, a razão interfere no que diz respeito à felicidade que tão claramente se opõe ao fracasso?

A OPINIÃO DOS OUTROS

Até aqui, analisamos o fracasso como consequência de nossa avaliação interna, ou seja: entre nós e o espelho. Mas existe outro espelho maior à nossa volta, que igualmente reflete nossa imagem, por vezes com maior nitidez: os olhos dos outros. Esta imagem refletida tem enorme influência sobre nossa autoavaliação, e por conseguinte sobre nosso sentimento de fracasso. Não é por outro motivo que as publicidades exploram este aspecto e seu efeito em nosso comportamento, acentuando a reação dos outros a nossa suposta mudança de status por termos adquirido tal ou qual objeto.

Uma primeira pergunta que poderíamos nos fazer é se seria razoável atribuir tal importância à avaliação que os outros têm de nós. A resposta "politicamente correta" costuma ser que a opinião do outro não deve ser nosso agente norteador, nem ao menos influenciar a avaliação do que seria nosso "real" valor. Assim, aplausos e elogios devem ser recebidos com humildade, e opróbrios desconsiderados. Nosso sucesso ou fracasso deveria ser definido pela avaliação em termos de nossos objetivos internos, numa relação individual, ou entre a pessoa e seu Deus.

Esta resposta se baseia em duas suposições. A primeira, de que a opinião do outro é imprecisa, no melhor dos casos, e manipuladora, em grande parte. A segunda, de que se seguirmos os valores de sucesso dos outros não atingiremos um verdadeiro sentimento de autorrealização. Ambas são consistentes, e ao mesmo tempo questionáveis. A opinião do outro pode, é verdade, ser imprecisa ou ao menos tão pouco precisa quanto a nossa. E certamente pode ser guiada por um desejo de influenciar nosso comportamento. Por exemplo, um pai que enfatiza e elogia as apresentações de balé da filha pode estar fazendo tanto por uma avaliação incorreta dos reais méritos artísticos desta quanto pela intenção de influenciar suas escolhas, assim como uma mãe que chama o filho de "perdido" por este não seguir a carreira que ela desejava. Da mesma forma, a publicidade que enfatiza o mérito e o sucesso de quem possui determinado modelo de carro.

Mas podemos nos questionar se seriam de fato diferentes a acuidade e a motivação quando somos nós a avaliar nosso próprio sucesso ou fracasso. Seríamos mais isentos e mais precisos nesta tarefa? Sabemos que a resposta nem sempre é afirmativa. Estamos normalmente tão envolvidos emocionalmente em nossa autoavaliação que facilmente tendemos a extremos, supervalorizando nossas realizações e enfatizando o que vemos como fracasso.

Por outro lado, uma opinião externa pode por vezes ser mais objetiva e, principalmente, nos é muito mais fácil avaliá-la criticamente. Mais ainda, a opinião externa provém geralmente de várias fontes, e, portanto, os erros tendem a se cancelar. Se duas entre as dez pessoas que opinam sobre nosso desempenho erram ao exagerar nossas qualidades, provavelmente duas outras errarão quanto a nossos defeitos, e em média teremos uma opinião neutra e mais equilibrada.

Também em relação a nossas ideias, não apenas a nossos defeitos, a opinião do outro pode ser fundamental para evitarmos as consequências de erros graves. O famoso físico Richard Feynman narra um incidente que ilustra isto. Durante a Segunda Guerra Mundial criou-se uma iniciativa secreta para desenvolver a bomba atômica, o Projeto Manhattan. Foi um grupo reunido às pressas, devido à óbvia urgência do problema, quando se receava que os alemães estivessem na mesma rota. O governo americano reuniu as melhores mentes do país em uma estrutura improvisada no deserto, e durante dois anos os cientistas debateram em ritmo frenético ideias até então não imaginadas, que conduziram à construção da primeira bomba atômica.

Foi nesta atmosfera carregada e intensa que se encontrava Feynman, então com apenas 24 anos e ainda sem o doutorado, quando Niels Bohr, um dos mais importantes fundadores da mecânica quântica e já um mito àquela época, apareceu no centro de pesquisas. Bohr apresentou um seminário a uma audiência atenta e reverente. Entre todas as figuras importantes naquela sala, apenas Feynman apontou de forma clara e direta certas dúvidas quanto aos argumentos de Bohr. Após o seminário, Bohr voltou-se ao filho, também físico, que o acompanhava, e disse: "Lembre-se do nome daquele pequeno fulano no fundo da sala, ele é o único que não teve medo de mim e vai me dizer se eu tiver alguma ideia louca. Na próxima vez que viermos aqui é com ele que quero me encontrar antes de todos os outros." E, de fato, foi com Feynman que Bohr primeiro se encontrou em sua visita seguinte.

Entre as opiniões internas e externas que incorporamos, formamos nossas avaliações e expectativas. Como estas opiniões quase sempre são divergentes, temos como que uma assembleia deliberativa constantemente a se digladiar dentro de nós, debatendo e expondo os diferentes aspectos de cada questão. Dependendo de qual destas facções escutemos, nos sentiremos mais próximos do fracasso ou do sucesso.

AUTOAVALIAÇÃO

Não podemos minimizar a nossa incapacidade de autoavaliação. Essa incapacidade tornou-se manifesta numa investigação realizada nos anos 1980,[2] na qual se perguntou aos participantes da pesquisa, reunidos numa sala, como cada um classificaria sua habilidade como motorista em relação aos demais. Curiosa e mesmo paradoxalmente, os resultados indicaram sistematicamente que a grande maioria dos participantes (cerca de 80%) se considerava melhores motoristas do que a média. Naturalmente, isso é matematicamente impossível. Alguém — ou, mais provavelmente, muitos — estava profundamente equivocado quanto à própria destreza ao volante.

Esta pesquisa foi repetida em vários outros contextos, como inteligência, honestidade ou habilidades sociais, e os resultados consistentemente apontaram para esta exagerada avaliação de nossos próprios méritos. Esta supervalorização pode estar, aliás, na origem de muitos de nossos fracassos, por nos levar a correr riscos maiores do que nossas reais capacidades permitiriam.

Há outra consequência da supervalorização de nossas capacidades, que, em grande parte, provoca ou amplia o sentimento de fracasso. Quando temos uma opinião elevada de nós mesmos, criamos uma alta expectativa de realizações. Assim, nos cobramos resultados que muitas vezes são inatingíveis, o que provoca uma dupla frustração. Um pintor diletante que pratica a arte como hobby poderia ter grande prazer diante de uma tela imperfeita que acabou de pintar, mas se estiver convencido de possuir um grande talento, a mesma tela lhe parecerá um fracasso.

Esta divergência entre resultados esperados e alcançados pode criar uma situação paradoxal, na qual o fracassado se acha ao mesmo tempo superior aos outros e inferior a si mesmo: superior porque considera suas habilidades acima da média, e inferior quando se compara ao que "deveria" ter sido. Por mais que lhe sejam apontados os resultados positivos atingidos num ou noutro setor de sua vida, que muitas vezes podem mesmo ter sido ótimos, o fracassado "sabe" que é superior, "sabe" que é capaz de resultados ainda melhores, e que, portanto, tudo o que lhe apontam não é nada face ao que poderia ter atingido e não atingiu.

Quanto à questão anteriormente colocada de serem as opiniões de terceiros possivelmente contaminadas pelo desejo (consciente ou inconsciente) de nos manipular, podemos nos perguntar se não estaríamos nós mesmos permanentemente nos manipulando. Em que sentido seria diferente comprar um carro porque a publicidade nos diz que com um carro de luxo conquistaremos o mundo ou porque nossos valores indicam que este deve ser simples e atender apenas a valores utilitários? Não seriam estes valores apenas formas de justificarmos, muitas vezes a posteriori, decisões guiadas por motivos muito menos nobres do que parecem? Estaríamos preferindo o carro simples em relação ao luxuoso por genuína convicção, ou porque queremos igualmente impressionar um público, desta vez o dos que acreditam que um carro simples é sinal de bom senso?

Isto nos remete à segunda suposição no argumento acima em favor da bússola interna: a suposição de que seguir os valores dos outros não nos dará uma *verdadeira* satisfação. A lógica deste argumento estaria baseada na pressuposição de que temos valores fixos, que estes são mais corretos do que os dos outros, e que seguir valores contrários aos nossos criaria um conflito interno que geraria infelicidade. Vejamos cada uma destas suposições.

Os dois primeiros argumentos, que sugerem termos valores fixos e mais corretos do que os outros, estão errados por motivos quase óbvios. Não apenas nossos valores podem mudar em diferentes etapas da vida, mas tampouco há como determinar quais valores são mais certos. Quanto aos valores internos, até que ponto são genuinamente "nossos" e não fruto da sociedade em que vivemos? Como no exemplo do carro de luxo, podemos nos sentir autênticos quando não cedemos aos argumentos tentadores de uma propaganda, mas isso pode simplesmente significar que cedemos aos valores de outro segmento da sociedade. Não estaríamos, assim, simplesmente escolhendo uma entre as tantas ideologias que nos são constantemente oferecidas, como quem escolhe uma roupa numa vitrine, e vestindo-a como se fosse parte de nosso ser?

Neste sentido, é revelador notar como as pessoas escolhem, adotam e defendem apaixonadamente pontos de vista políticos. Estas ideias, que resultam de uma infinidade de influências que vão desde a leitura de jornais a conversas com amigos, passando por livros, propaganda eleitoral, teses expostas em debates etc., são absorvidas, destiladas e reformuladas pelo eleitor, que a partir de certo ponto passa a encará-las como criação original sua. Surgem assim grupos que compartilham a mesma opinião, e que funcionam quase como seitas, em que as opiniões são constantemente reforçadas entre seus membros. Naturalmente, a parte da população que escolhe o partido oposto tem resposta diametralmente oposta, e cada metade encara a outra como incompetente ou manipulada pelas influências externas.

* * *

Os argumentos acima não implicam que devamos ignorar nossa própria opinião, por mais falha e influenciável que seja, em prol da alheia. Mesmo porque, aquilo que chamamos "nossa" opinião é, como visto, ao menos em parte opinião dos outros, já que somos influenciados por esta.

Além disso, há ocasiões em que nossa opinião diverge radicalmente da dos outros, mas nem por isso deixamos de continuar acreditando nela. Um exemplo extremo desta situação é o oferecido pela vida de Galileu Galilei, que estabeleceu as bases do método científico rompendo com a tradição da abordagem do estudo da natureza como ramo puramente da filosofia. Esta ruptura com os valores estabelecidos valeu a Galileu a perseguição por parte da Inquisição, terminando com sua prisão domiciliar até o final da vida.

Podemos conjecturar diferentes razões pelas quais Galileu insistiu em manter sua opinião de forma independente. Provavelmente, negar a conclusão lógica de suas observações astronômicas seria negar a própria consistência de sua lógica ou sua sanidade mental, um preço caro demais a pagar. Mesmo em nossas muito mais limitadas vidas, por vezes uma conclusão nos é tão evidente, seja por meio da lógica (como no caso de Galileu) ou de profunda intuição, que é praticamente impossível deixarmos de valorizar mais nossas opiniões do que as dos outros. Neste caso, não nos sentiremos fracassados, ainda que esta decisão tenha consequências negativas, assim como provavelmente Galileu não se sentiu fracassado em seus mais difíceis momentos.

Em nossas modestas vidas, com seus erros e acertos, estamos normalmente muito distantes dos extremos citados. Mesmo assim, nos deparamos frequentemente com situações em que temos a opção de valorizar mais ou menos a opinião dos outros, e com isso nos sentirmos mais ou menos miseráveis. Um jovem que decide seguir uma carreira de menor retorno financeiro por ser a que lhe agrada, alguém que empreende um negócio ousado contra toda a opinião prevalecente — passado algum tempo, e tendo malogrado tanto uma iniciativa quanto a outra, como se sentiriam face à opinião dos outros? O empresário poderia se sentir duplamente fracassado: por ter seu investimento perdido e por ser agora, real ou imaginariamente, motivo de chacotas. O jovem poderia ter se decepcionado com a carreira escolhida, e assim lamentar tanto as consequências da escolha quanto a baixa opinião que dele agora fazem os mais próximos. Por outro lado, ambos podem se consolar dizendo que ao menos tentaram. Neste caso, terem seguido suas convicções pode lhes proporcionar um sentimento de, se não sucesso, ao menos serenidade diante do desenrolar desfavorável dos eventos.

Esta análise poderia nos levar a crer que ouvir nossas próprias vozes é obviamente o caminho mais aconselhável. Infelizmente, na vida os sentimentos são mais complexos, e nem o sentimento do fracasso nem a supervalorização da opinião alheia são exceções. Em criança, somos guiados pela opinião que nossos pais e mestres fazem de nós. Nada causa mais satisfação a uma criança, ainda que muito pequena, do que o sorriso de estímulo dos pais. E é bom que assim seja. Porém, esta valorização do outro nos acompanha, com mais ou menos intensidade, pela vida afora mesmo quando já não somos crianças, e quando os outros já não são nossos pais.

Queremos ser amados, e isso implica desejarmos que os outros tenham boa impressão de nós. Se o empresário ou o jovem do exemplo acima anunciam seu objetivo e não o alcançam, entrarão em jogo os sentimentos de vergonha (de ter sido revelado como uma fraude) e medo (de ser reavaliado à luz dos malogros recentes). E não se pode sequer dizer que este medo é irracional. As pessoas de fato avaliam os outros em função dos sucessos — vistos como mérito — e dos fracassos — vistos como incompetência. O jovem e o empresário terão assim que pesar qual efeito terá o risco da vergonha e a importância do julgamento do outro no amor que desejam receber.

5
O FRACASSADO DECIDE ALGUMA COISA?

LIVRE-ARBÍTRIO

Vimos em capítulos anteriores diversos fatores que nos levam a sentir com maior ou menor intensidade um fracasso. Quando esse sentimento ocorre, surge a questão da responsabilidade. Ou seja: de quem é a "culpa" pelo fracasso. Supomos que houve um ato voluntário de nossa parte, ato esse que deve ser condenado ou mesmo punido. E essa suposição de "ato voluntário", que normalmente é tida como evidente, na realidade levanta várias questões que têm ocupado filósofos há séculos, senão há milênios: O que significa vontade? Ou ainda: Temos mesmo livre-arbítrio?

Estas questões oferecem um diverso leque de respostas. De psicólogos a matemáticos, de teólogos a neurologistas, biólogos, cientistas de computação, filósofos e físicos, sem contar a inevitável coorte de astrólogos e alquimistas, as mais diversas interpretações foram dadas a essas perguntas, e as mais diferentes respostas oferecidas. Que pensadores do mais alto calibre as tenham debatido por tanto tempo sem chegar a um acordo revela o quanto de incógnitas elas contêm e o primitivo estágio do conhecimento que temos de nossa mente. Para este livro, essa questão é fundamental: dela depende a diferença em sermos ou não responsáveis por nossos fracassos, e, mais importante, se temos ou não como evitá-los

Ao mesmo tempo que reconhecemos a importância da pergunta, devemos conviver com nossa incapacidade de respondê-la por completo. Mas uma coisa que, sim, podemos fazer é levantar algumas das dúvidas e possíveis respostas, principalmente no que diz respeito ao tema do fracasso e da culpa.

Existe livre-arbítrio? A pergunta é mais complexa do que parece. Por um lado, nos parece intuitivo, e até óbvio, que nada nos impede de ordenar a nosso braço que se erga, por exemplo (desde que não esteja amarrado). Sentimos que somos donos de nossos pensamentos e vontades, livres para agir de acordo com estes. Esse sentimento está arraigado em nós; raramente nos detemos para questionar se não seríamos meros fantoches de forças superiores que nos fazem desejar tal ou qual coisa.

Por outro lado, sabemos que a ciência fornece uma adequada descrição do universo, incluindo aí todos os seres vivos. Nesta abordagem, todos os fenômenos observados, inclusive os que ocorrem em nosso cérebro, podem ser descritos em última análise por leis relativamente simples que foram inúmeras vezes comprovadas. Desse ponto de vista, nosso corpo, e em particular nosso cérebro, nada mais é do que uma coleção de átomos, unindo-se em forma de moléculas, que compõem células e órgãos.

Essa descrição físico-química tem enorme sucesso para prever o comportamento de nosso corpo. Assim, injetando uma droga apropriada podemos provocar febre ou baixar a temperatura, induzir comas, estimular o coração etc. Podemos mesmo provocar sensação de medo ou euforia, alegria ou tristeza, meramente fazendo as moléculas de determinado órgão interagirem com as moléculas de algum agente químico. Aliás, mesmo sem nos aventurar no mundo científico, a maioria de nós conhece os efeitos que o álcool causa diretamente em nosso estado de espírito, e como esse efeito depende da dose utilizada.

O sucesso do modelo científico do universo nos leva a afirmar que nosso corpo é regido pelas mesmas leis que regem a queda de uma maçã, a chama de um fósforo, ou a luz de uma estrela distante. E entre essas leis não há nenhuma específica para o que chamamos de "vontade". Na verdade, a descrição científica de nosso ato de mover o braço não requer nenhuma consciência com desejos próprios. As células do cérebro e do corpo meramente agem sob estímulos físicos internos ou externos. Podemos mesmo, utilizando os estímulos corretos, provocar as mesmas reações que as geradas por aquilo que chamamos *vontade*, aparentemente tornando esse conceito totalmente irrelevante.

Da mesma forma, a descrição do corpo humano e de seus movimentos através da ciência não necessita do conceito de pensamento nem daquilo que chamamos autoconsciência. Desse ponto de vista, o sentimento de culpa seria totalmente injustificado pois todos os nossos atos, incluindo os que constituíram o erro causador do fracasso, são meras reações a condições e estímulos físicos, não havendo um "eu" que tenha tomado essa ou aquela decisão por vontade livre e própria.

Vamos ver um exemplo que torna aparente a dificuldade no conceito do livre-arbítrio. O caso, real, ocorreu nos Estados Unidos e foi publicado em 2003 na revista científica *Archives of Neurology*.[3] Um professor de escola secundária, na casa dos 40 anos, aparentava ter uma vida inteiramente normal, até sua mulher descobrir que ele visitava sites de pornografia infantil e tentara seduzir sua afilhada adolescente, com quem viviam. Julgado por crime de pedofilia, foi tratado com medicamentos de castração química e condenado a frequentar um programa de recuperação; caso contrário, seria preso. O homem iniciou o programa, mas foi expulso por solicitar sexo a todos os frequentadores que encontrava no programa, inclusive aos terapeutas. Como consequência, marcou-se uma audiência para emitir a sentença da pena alternativa à prisão.

Na véspera da sentença, o homem foi ao hospital queixando-se de fortes dores de cabeça. Durante o exame neurológico, continuava solicitando favores sexuais da equipe médica e comportava-se de forma errática. O exame revelou em seu cérebro um tumor bem avançado, que foi removido. Diante dos fatos, o juiz lhe deu uma segunda chance no programa de recuperação, que dessa vez o professor cumpriu com êxito. Após sete meses sua melhora era tal que a Corte o autorizou a retornar a casa e mesmo a conviver com a afilhada. Mais alguns meses se passaram e novamente o paciente voltou a sentir fortes dores de cabeça e a buscar pornografia infantil. Novamente examinado, descobriu-se que o tumor tornara a crescer. Foi apenas quando o tumor foi removido pela segunda vez, e integralmente, que seu comportamento se normalizou definitivamente.

Essa trágica história levanta algumas questões importantes. A primeira é sobre a eficiência e a moral de um sistema judicial em que doentes são presos em vez de internados. A segunda diz respeito à nossa questão sobre fracasso e culpa. Se o tumor não tivesse sido descoberto a tempo e o homem tivesse sido preso, teria feito sentido culpá-lo pelos atos cometidos? Quanto dos atos que recriminamos em nós mesmos não seriam causados por "tumores" de menor gravidade, que infelizmente não podemos extirpar?

Essas perguntas apontam para dificuldades no conceito de livre-arbítrio. Teria nosso professor "decidido" seduzir sua afilhada? E o que dizer de outros atos menos dramáticos, mas nem por isso menos importantes, em nossas próprias vidas? Uma frase dita no momento errado e que nos custou um emprego. Um olhar no momento certo que nos levou a um grande amor. Fracassos ou tumores? Sucessos ou DNA?

Se aceitar o conceito de livre-arbítrio nos coloca diante dessas e de outras dificuldades, não menos complicada é sua rejeição. Explicar todos os nossos atos como simples consequências de condições físicas, sem a ingerência do que chamamos *consciência*, traz dificuldades tanto práticas quanto lógicas. Embora no caso do professor americano seja convincente concluir que o tumor estivesse na origem de seu comportamento, não é claro que todos os atos criminosos, de roubos a assassinatos, sejam causados por desequilíbrios químicos. Pode-se questionar se alguém que rouba um bem para usufruí-lo age assim por efeito de uma lesão cerebral ou por frio raciocínio, ponderando os prós e contras de sua decisão. Seria razoável aceitarmos que fatores genéticos, ou do meio social, são em última análise os que determinam o comportamento humano — e, portanto, o encarceramento como punição jamais faria sentido?* Ou seriam esses fatores, como

---

*Em princípio o encarceramento visa principalmente proteger a sociedade de atos que possam ser cometidos pelo criminoso. Isso não altera muito a questão, visto que na prática todo o sistema age de forma a punir severamente o condenado, e que nenhum esforço é feito no sentido de "curá-lo".

considerados na maioria das sociedades ocidentais, apenas atenuantes de um comportamento decidido por uma mente livremente capaz de optar.

Existe uma abundante literatura médica,[4] acumulada ao longo de mais de cem anos de pesquisa, ilustrando como podemos provocar movimentos e mesmo desejos em participantes de experiências, utilizando estímulos externos apropriados, tais como impulsos elétricos ou drogas. Essas técnicas têm se aprimorado cada vez mais, e hoje é possível agir com surpreendente precisão sobre centros específicos do cérebro, provocando reações mais e mais direcionadas. E, graças às técnicas de imagens por ressonância magnética, pode-se hoje produzir um detalhado "mapa" relacionando a área do cérebro com a função física ou mental que controla. Essas experiências podem ser citadas como indicativos de que aquilo que chamamos *desejo* não passa de uma reação a estímulos externos, refutando assim o conceito do livre-arbítrio.

Apesar da ampla evidência científica de que estímulos externos provocam reações no cérebro, isso não significa que todas as atividades e reações do cérebro, e em particular nossos desejos e iniciativas, sejam causados por estímulos externos à razão. A "magia" da mente talvez seja justamente a de gerar pensamentos mesmo na ausência desses estímulos, e decidir "por si própria" com uma clara autoconsciência, exatamente com o que chamamos de livre-arbítrio. Essa situação é similar ao que os físicos chamam *entropia negativa*, que é simplesmente a organização espontânea de átomos e células em organismos, contrariando a tendência à desordem existente na natureza. No caso do pensamento, essa auto-organização ocorre no nível dos movimentos neurológicos, que se organizariam em forma de pensamentos coerentes — ou ao menos no que interpretamos como tal.

UMA EXPERIÊNCIA INTERESSANTE

Ainda mais surpreendentes do que experiências demonstrando a influência de agentes externos em nossos pensamentos são os resultados que parecem indicar que nossas decisões são tomadas antes de termos consciência das mesmas, o que levantaria dúvidas sobre quão conscientes, e portanto *livres*, somos em nossas decisões. Esse resultado teria naturalmente consequências enormes em nossa compreensão do que constitui uma decisão e um fracasso, e do sentido da culpa e do remorso.

A primeira destas experiências foi realizada por Benjamin Libet,[5] da Universidade da Califórnia, através de um engenhoso aparato. Os participantes da experiência deviam decidir livremente em que momento desejavam mover suas mãos. No exato momento em que tomassem essa decisão, ou melhor, no momento em que estavam conscientes dessa decisão, deviam observar qual a posição do ponteiro de um relógio diante de si. Durante esse tempo, eletrodos ligados aos seus cérebros monitoravam todos os sinais de atividades neurológicas.

Vejamos o que se esperaria que ocorresse. Por um lado, como sabido desde a década de 1960, o processo de mover um músculo é precedido por atividades no cérebro, indicadas por correntes neurológicas conhecidas pelo simpático nome de *Bereitschaftpotential*, potencial de preparo. Ou seja: os eletrodos ligados ao cérebro dos participantes registram minúsculas correntes elétricas que se elevam antes mesmo de o músculo se mover. Por outro lado, esperaríamos intuitivamente que nossa "decisão" de mover a mão ocorresse *antes* destas correntes se formarem. Afinal, é nossa decisão consciente que determina a elevação destas correntes elétricas. Ou não?

O resultado surpreendente da experiência foi que na verdade nossa conscientização da decisão ocorre *após* o início do sinal neurológico associado. O cérebro "saberia" de nossas decisões antes mesmos de nós. O cientista analisando os sinais dos eletrodos poderia afirmar *de antemão* qual seria nossa decisão.

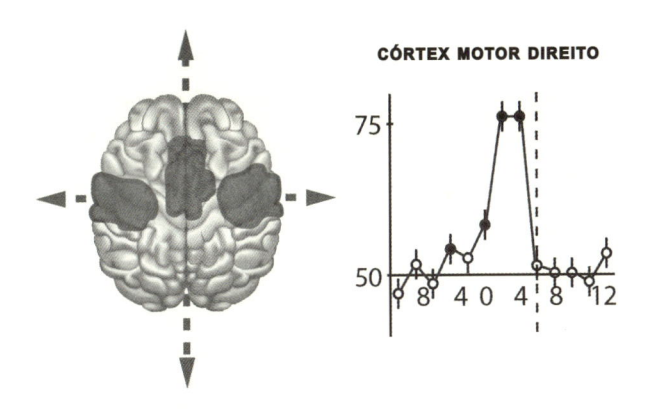

Figura 5.1: A figura à esquerda ilustra as áreas ativadas no cérebro durante o processo de decisão. A figura à direita mostra a intensidade do impulso nervoso (eixo vertical) em função do tempo (eixo horizontal, em segundos). A linha pontilhada indica o momento em que o indivíduo tem consciência de sua decisão. Nesta figura, os pontos à esquerda da linha pontilhada indicam a ativação dessa área do cérebro 10 segundos antes de o indivíduo "decidir". Dessa forma, o experimentador pode antecipar a decisão do indivíduo *antes* que esse tome consciência de sua escolha.

Essa experiência e outras que se seguiram[6] mostrariam assim que nossos atos, ou ao menos os sinais neurológicos que os precedem, se iniciam antes de tomarmos consciência de que o queremos realizar. Numa imagem simplificada, o pesquisador atrás da parede, analisando os sinais dos eletrodos, poderia se transformar no mordomo ideal, fazendo a escolha entre chá e café antes mesmo de expressarmos nossa decisão.

Como poderia se esperar, essa experiência levantou vivo debate, sobretudo quanto às implicações no conceito de livre-arbítrio. Apesar de os resultados parecerem "evidentes", há várias interpretações possíveis. Numa exposição extremamente clara destas ideias,[7] o próprio autor do artigo manifesta a opinião de que seus resultados não necessariamente refutam o livre-arbítrio e inclina-se, ao contrário, a aceitar a existência desse, já que com isso se teria ao menos a vantagem de permitir que nossa experiência diária possa ser conciliada com nossa intuição.*

Esse último ponto, o da intuição de nossa experiência diária, merece certa atenção. De fato, não há dúvida de que *sentimos* de forma quase natural que temos livre-arbítrio, que é um conceito imensamente útil para compreender e executar nossas ações cotidianas. É difícil conciliar essa experiência diária com uma explicação que contraria tão fortemente nossa intuição. Essa dificuldade levanta duas questões.

---

*Entre as interpretações oferecidas pelo autor, haveria a de que, embora a conscientização da decisão tenha ocorrido após o início do correspondente sinal neurológico, ainda assim ela precede o movimento da mão. Desta forma, o agente teria tempo de evitar o movimento, em o desejando, e essa decisão de "vetar" a decisão inconsciente poderia por sua vez ser interpretada como livre-arbítrio. Nesta interpretação, a mente estaria permanentemente fervilhante de desejos e decisões involuntárias, e o livre-arbítrio seria nossa habilidade de vetar as menos adequadas.

A primeira, se não seria o livre-arbítrio um conceito intuitivo, simples, autoevidente, e... falso — assim como foram o modelo geocêntrico, a existência do éter e outras teorias que acabaram sendo substituídas por modelos bem menos simples, porém mais poderosos. A segunda, se não seriam as conclusões derivadas das experiências de Libet válidas apenas na escala microscópica em que foram medidas (decisões relativamente simples e em condições controladas de laboratório), não se podendo facilmente extrapolá-las ao nível "macroscópico" da vida real, com toda a complexidade que a vida cotidiana envolve. Essa situação seria análoga à encontrada em certos fenômenos quânticos, como por exemplo correlação de átomos, que foram observados com sucesso em laboratório, mas não são aplicáveis, para efeitos práticos, a objetos macroscópicos como pessoas ou elefantes — apesar de, em princípio, a hipótese ser válida.

Em ambas as questões a resposta parece estar em aberto. Por um lado, ainda não há provas suficientes para concluir pela existência ou não do livre-arbítrio, apesar dos gigantescos passos no sentido de entendê-lo melhor. Por outro, tem havido também rápido progresso em tentar estender essas experiências à escala "macroscópica". Por exemplo, em experiências recentes realizadas por pesquisadores do Instituto Max Planck e de universidades alemãs,* observou-se o mesmo efeito, e com ainda maior clareza, para decisões mais complexas, como a de escolher entre mover a mão esquerda ou direita, ou entre somar e subtrair dois números, e ao mesmo tempo aumentando em muito o intervalo de antecipação, que se aproximou já de 10 segundos. Isso

---

* Mesma que [8], ou a experiência depois dessa.

significaria que a "decisão" foi tomada 10 segundos *antes* de nos darmos conta dela!*

Note-se que esse resultado é bem diferente das conhecidas influências subliminares, como as decorrentes da publicidade, ou das óbvias influências conscientes provocadas, por exemplo, por conversas com amigos. Nestes dois exemplos há um agente externo (o amigo ou a publicidade) que gera de forma inteiramente clara e causal uma reação em nós: o amigo nos sugere provarmos uma fruta, e nós provamos. Já na experiência de Libet há uma correlação entre dois eventos que ocorrem dentro da própria mente, e que são assim partes do processo mesmo da decisão: o potencial de preparo e a conscientização da decisão. A própria mente começa a reagir por algum motivo que escapa à nossa consciência, e é apenas alguns segundos depois que nos damos conta de termos tomado uma decisão.

DECIDIR PENSAR OU DECIDIR AGIR

Um ponto a se considerar quando analisamos a extensão de nosso livre-arbítrio é a diferenciação entre livre-arbítrio sobre

---

*Uma crítica que se pode fazer a essa análise é que os participantes da experiência foram *instruídos* que teriam que decidir entre mover a mão direita ou esquerda. Uma vez instruídos, e sendo difícil suprimir um pensamento meramente com a razão, possivelmente uma parcela dos participantes fez essa escolha antes do momento em que se conscientizaram. Essa decisão ficou armazenada no cérebro e se refletiu no sinal neurológico. Foi apenas no momento da conscientização que ela veio à tona, o que explicaria a aparente antecipação do sinal em relação à decisão. Uma análise detalhada da experiência de Libet e suas conclusões pode ser encontrada no livro *Free: Why science hasn't disproved free will* [*Livre: Por que a ciência ainda não refutou a noção de livre-arbítrio*], de Alfred Mele.

nossos pensamentos e o sobre nossas ações. Assim, a primeira questão é se temos o poder de decisão de pensar o que pensamos, ou se nossos pensamentos são gerados espontaneamente por nossas mentes. Todos nós observamos em nossas vidas momentos em que ora nos parece que a resposta a essa pergunta é positiva, ora negativa. Por exemplo, subitamente nos damos conta de que estamos pensando em algo totalmente longe da realidade onde nos encontramos, e não temos ideia de como chegamos a esse pensamento. Não houve uma instrução nossa no sentido de pensar neste ou naquele assunto.

Por outro lado, inúmeras vezes agimos como se de fato acreditássemos que temos o poder de orientar nossa mente. Não é outro o sentimento quando, por exemplo, dizemos a nós mesmos que "vamos nos concentrar nesta tarefa", ou "deixa eu pensar naquele assunto agora". Essa crença é tão arraigada que acreditamos, ou agimos como se acreditássemos, que podemos influenciar nossa forma de ser ou de reagir. De certa forma, toda uma linha de psicanálise se baseia neste pilar, orientando o paciente a repetir para si certas frases ou a se "conscientizar" de certos problemas para resolvê-los. Agimos como se acreditássemos que temos de fato duas instâncias da consciência, uma orientando a outra como pensar, numa aparente hierarquia. Mais ainda, se há um "eu" que instrui a mente a pensar dessa ou daquela forma, então deve haver uma terceira instância que instrui esse "eu", e assim sucessivamente, *ad infinitum*.

Ou seriam todas essas instâncias uma única, na qual o soldado raso é quem decide a ordem a que vai obedecer? Mas, se esse é o caso, por que nos damos ao trabalho de tentar influenciar nosso pensamento? Seria essa apenas uma ilusão, uma história aparentemente linear gerada pelo nosso "soldado" para conferir alguma lógica? Nesse caso, quem seria o "nós" que o soldado tenta iludir? Como se vê, essas perguntas são infinitas, e provavelmente ficarão sem resposta ainda por algum bom tempo. Mas são perguntas que provavelmente o fracassado se fará ao tentar entender as etapas que o levaram aonde se encontra. A impossibilidade de encontrar resposta apenas se somará aos seus fracassos.

A segunda pergunta em relação ao livre-arbítrio diz respeito não a nossos pensamentos, mas a nossos atos. Aqui também há casos em que nos fica claro que não estamos decidindo conscientemente, como em reações automáticas — retirar a mão do fogo, caminhar sem ter que decidir a cada instante qual perna devemos mover etc. A questão, porém, se torna mais complexa quando se trata de situações em que há opções que competem entre si e uma decisão deve ser tomada. E essa é a pergunta que fazemos em relação ao fracassado, que em algum momento teve que optar entre diferentes rotas e irá arcar com consequências em maior ou menor escala. E, naturalmente, para ser "livre" essa decisão não pode ter sido determinada por agentes externos.

A pergunta que se coloca, então, é até que ponto estamos decidindo livremente quando vamos ou não a um encontro marcado, ou quando assinamos ou não um contrato. E também esta é inconclusiva, da mesma forma que a primeira. Talvez porque de certa forma ambas se confundem: decidir pensar e decidir agir são aspectos da mesma questão: o corpo meramente age em resposta a uma instrução neurológica, e essa é guiada (ou não) por um pensamento. Quando observamos nosso funcionamento de uma forma mais ampla, percebemos que certamente há uma grande parte do que fazemos que não passa pelo crivo de nossa consciência. Quase toda atividade corporal é autônoma, como a circulação de sangue e demais líquidos orgânicos, a digestão, os batimentos cardíacos, a regeneração de tecidos, o combate a infecções, o surgimento de dores, alergias etc. Ou seja: se há algum arbítrio em nossa existência, certamente ele é muito exíguo. Isso sem falar do fato de que nossas decisões são tomadas dentro de uma atividade bioquímica sobre a qual não temos qualquer ingerência.

ONDE RESIDE O "EU" QUE FRACASSA?

Não aceitar que exista culpa, por não haver livre-arbítrio, traz consigo outras dificuldades. Do ponto de vista prático, provavelmente teríamos uma sociedade inviável, na qual as pessoas agiriam sem qualquer ética e que provavelmente sucumbiria ao caos. Ou, como escreveu Dostoiévski em *Os irmãos Karamazov*: "Se Deus não existe, tudo é permitido."

Naturalmente, pode-se alegar que isso não ocorreria, porque tampouco teríamos o poder de decidir agir irresponsavelmente. Tanto nossos impulsos criminosos como os mais nobres atos seriam determinados por agentes químicos ou físicos.

Essa objeção traz, porém, algumas contradições difíceis de serem contornadas. Uma delas é que, levando ao extremo esse raciocínio, igualmente não teríamos o livre-arbítrio de escrever as palavras que aceitam ou refutam o livre-arbítrio, tampouco o de ler e refletir sobre essas palavras. Dessa forma, seria inconsequente aceitar ou não qualquer argumentação, já que o aceitar independeria de nossa vontade.

Sob esse ponto de vista, a afirmativa "o livre-arbítrio não existe", ou equivalentemente "a autoconsciência não existe", é desprovida de qualquer utilidade e não fornece nenhuma informação nova. Não apenas isso: é também contraditória em termos, como ilustrado a seguir.

Imagine um hospital com dez cirurgiões e um paciente. O primeiro cirurgião abre o crânio do paciente, devidamente anestesiado mas desperto, e diz aos outros: "Vejam, são apenas células, neurônios e reações químicas, não há nada como consciência ou vontades." O paciente olha atônito para o cirurgião, reclama que sim, está consciente, e que tem várias vontades, como por exemplo a de ir embora dali imediatamente. Os médicos se entreolham e sorriem, condescendentes.

Neste momento o segundo cirurgião agarra o primeiro pelas costas, abre-lhe à força o crânio e exclama satisfeito: "Vejam, aqui também, apenas células, e nada de desejos." O primeiro médico o olha como se ele fosse um lunático e reclama que não, que está consciente de sua existência e que pode sim ordenar o seu braço a se mover para um lado ou para o outro segundo sua vontade. Sorrisos dos outros nove cirurgiões. A "brincadeira" continua até o último cirurgião, que, não querendo se privar da alegria abre o próprio crânio, olha através de um espelho, e exclama: "Vejam só... é verdade, não estou consciente!"

O que essa anedota enfatiza é que, mesmo quando acreditamos que o outro não tem livre-arbítrio e autoconsciência, é quase impossível aceitar que *nós* não tenhamos — porque mesmo para aceitar essa ideia precisaríamos ter consciência. Isso é um paradoxo, propriamente, similar ao da clássica pergunta se Pinóquio está mentindo quando diz que seu nariz está crescendo. Naturalmente, se não estivesse crescendo seria mentira, e seu nariz estaria crescendo. Um cientista poderia descrever seus pensamentos como sendo meras manifestações dos neurônios de seu cérebro, mas restaria sempre a pergunta de quem, ou o que, está fazendo essa análise — e assim a frase "não tenho autoconsciência" só pode ser verdadeira se for falsa.

Vamos então supor momentaneamente, como hipótese de trabalho, a existência de uma autoconsciência. Dentro dessa hipótese, poderíamos tentar apontar essa consciência como sendo o agente ativo que mostra nossos erros quando os cometemos e como sendo quem nos impõe o sentimento de culpa quando fracassamos. Essa consciência se torna então, simultaneamente, promotora e ré. O fracassado é quem acusa a si próprio e é também ele quem sente o arrependimento. A autoconsciência seria assim algo semelhante à "alma".

O conceito de alma perdeu seu atrativo ao longo dos últimos séculos (exceto na linguagem poética) em consequência do sucesso da ciência como poderosa ferramenta epistemológica. A alma, sendo imensurável, inobservável, e possuindo uma conotação religiosa e moral (sob certos aspectos ortogonal à ciência), foi substituída por átomos, células e neurônios, mais eficientes na descrição e previsão dos fenômenos mentais ou materiais. Dito isso, a ideia de alma, ao postular uma existência independente do corpo que a hospeda, persiste — ao menos no discurso não científico — como conceito ainda utilizado na conceptualização da consciência, por eliminar a vexatória questão de como essa consciência estaria presa ao cérebro.*

Essa não é uma questão simples, se considerarmos, por exemplo, que aquilo que chamamos "nosso corpo" é algo em permanente mutação. De fato, não apenas nossos cabelos e unhas são substituídos diante de nossos olhos, como cada uma das células de nosso corpo, seja as de nosso sangue, de nossos músculos ou dos órgãos, é substituída ou recriada periodicamente. Algumas "vivem" mais e outras menos, mas a cada dez anos, aproximadamente, grande parte de nosso corpo é reconstruído. Isso significa que quando nos culpamos por eventos ocorridos no passado, estamos nos referindo de certa forma a uma outra pessoa, ao menos do ponto de vista atômico.

O corpo, com o qual tão intimamente nos identificamos, é neste sentido semelhante a um rio que flui, no qual cada gota d'agua é constantemente substituída por outra, mas que mantém sua forma, peculiar, com todas as curvas e pequenos rodamoinhos. De certa forma, o rio é seu leito. Poderíamos esvaziá-lo de toda sua água e depois recriá-lo, idêntico: toda a informação necessária para tal estaria contida nos inúmeros detalhes do solo. No caso de nosso corpo, essa informação está em nosso código genético, escrita no DNA, que contém toda as instruções necessárias para o corpo se recriar.

Seria então o caso de dizermos que "somos" nosso DNA, e que portanto é a ele que devemos culpar por nossos erros e fra-

---

*V. S. Ramachandran propõe que a rede de neurônios na espinha dorsal poderia ser a sede dessa autoconsciência, funcionando como uma segunda mente que espelharia a mente principal e podendo analisá-la. Isso não altera nosso problema, pois restaria sempre a pergunta de como essa rede forma uma consciência.

cassos? Será que tudo aquilo que chamamos "eu" está definido em nosso código genético? Ou talvez essa definição devesse incluir, além da informação física contida no DNA, também nossas memórias? Vamos ver no capítulo seguinte *se* e *como* a memória pode nos ajudar (ou atrapalhar) a nos definirmos, e que papel pode desempenhar em nosso fracasso.

6
MEMÓRIA E NARRATIVA

QUEM É O "EU" QUE FRACASSA?

Para o fracassado (ou seja, aquele que se *sente* fracassado), a questão "Quem sou eu?" não é apenas a difícil e antiga pergunta filosófica que vem sendo indagada há séculos, mas sim a busca da autoria e da responsabilidade por seus erros, uma forma de tentar minimizar o sentimento de culpa e de se posicionar diante das escolhas futuras. É uma questão com possíveis implicações práticas, e que se explorada corretamente poderá lhe trazer ao menos certo alívio na carga de fracasso. Como veremos, essa pergunta nos remete de uma forma ou outra a nossas memórias e lembranças.

Para ilustrar tal questão, vamos supor que numa festa um estranho se aproxime e nos pergunte: "Quem é você?" Naturalmente a resposta aqui poderia (e deveria) ser algo simples, como "Sou o João". Mas poderíamos, levados talvez por um desejo de dar a resposta mais exata possível, ou por termos já bebido alguns copos a mais, dizer em tom de pitonisa: "Sou aquele que te fala neste instante."

Embora absolutamente correta, essa afirmação pouco ajudaria ao interlocutor em nos conhecer melhor. E ainda que façamos uma descrição detalhada de nosso estado físico e mental naquele momento, incluindo por exemplo a dor na perna ou as saudades que sentimos da pessoa amada, estaríamos revelando principalmente o que isso reflete de nosso passado (não temos feito exercícios, estamos longe dos que amamos etc.). A dor ou a saudade não define quem somos. É a diferença entre *ser* e *estar*.

Poderíamos, de outro modo, tentar nos descrever através de nossos projetos futuros: "Sou alguém que pretende ser um cirurgião renomado." E aqui também a informação útil estaria no que essa resposta revela sobre nosso passado (valores, carreira...), visto que projetos podem mudar ou jamais se concretizar.

Outra opção seria descrever em detalhes como reagimos aos estímulos externos. Essa é uma descrição semelhante à usada em testes de circuitos eletrônicos, em que são omitidos os detalhes do mecanismo e descreve-se apenas uma "função-resposta" que caracteriza o comportamento do sistema nas mais diversas condições. No nosso caso, esses estímulos teriam que incluir aqueles gerados pela própria mente, o que traria certa dificuldade de circularidade, mas, ainda supondo que tal descrição fosse possível, essa teria necessariamente que se basear nas lembranças que temos de nossas reações passadas. Por exemplo, poderíamos dizer: "Sou alguém que se mantém calmo quando pressionado." Mas isso refletiria apenas o que nos recordamos de incidentes em que nos comportamos calmamente sob pressão.

Assim, aquilo que chamamos "eu" pode ser em muitos aspectos identificado com nossas lembranças. E o grande problema das lembranças é que elas nos pregam peças surpreendentes, como veremos adiante. Essas ilusões são convincentes porque, quando nos lembramos de algo, julgamos estar no controle. Acreditamos que a informação do passado está armazenada em nossa memória e que há um processo fiel de acesso a ela, como alguém que retira um livro da prateleira e lê ali uma frase.

Na verdade, essa impressão é duplamente falsa. Primeiramente, porque a informação armazenada fisicamente em nosso cérebro se deteriora com o tempo. Essa fonte de ruído, porém, não é a mais nociva, porque estamos todos cientes dela. Cada um de nós já esqueceu um dia onde deixou as chaves ou o nome de um conhecido. Como se trata de um processo que ocorre sem nossa intervenção, e muitas vezes de forma inconsciente, é fácil aceitar que a memória-armazenamento seja imperfeita sem que nos sintamos responsáveis por isso, da mesma forma que não somos "responsáveis" por ter olhos castanhos ou um nariz mais ou menos torto.

Em oposição à memória, o lembrar-se é um processo ativo sobre o qual acreditamos ter controle, e nesta crença reside um perigo que pode ter severas consequências ao fracassado. Acreditamos poder instruir nossa mente a agir como uma sonda, que vasculha as profundezas da memória buscando em diferentes recantos as informações que queremos. Forçamos nossos pensamentos a reviver eventos. Recriamos internamente cenas, diálogos, imagens e emoções, farejando aqui e ali como um cão que busca a trilha e reconhece, afinal, o caminho procurado.

Mas essa sonda é mais imperfeita do que imaginamos. E o perigo surge não quando a busca falha, mas quando acreditamos ter encontrado determinada memória sem perceber que era falsa. Quantas vezes nos lembramos com certeza de ter feito ou dito algo, apenas para nos darmos conta, depois, de que em verdade não fora isso que acontecera...

No fracassado essa lembrança falsa pode estar atendendo a um propósito oculto: o de explicar e justificar a situação presente à luz do que acreditamos ser nossas características. Veremos adiante alguns exemplos desse mecanismo e suas consequências na percepção que o derrotado tem de sua situação.

PODEMOS CONFIAR NA MEMÓRIA?

Vimos como a busca por entender quem somos, e em particular nossos fracassos, conduz a uma análise do passado. Mas uma coisa é essa memória ser *necessária*; outra é estar *disponível*. Nossas lembranças podem nos trair numa escala inesperada. Há um grande número de experiências em psicologia em que os participantes lembram-se do que não aconteceu, esquecem o que ocorreu, ou deformam o que foi lembrado.

Numa destas,[8] a dra. Elizabeth Loftus, da Universidade de Washington, apresentava aos voluntários participantes do estudo descrições de cenas que teriam ocorrido durante suas infâncias. As narrativas, baseadas em informações obtidas de familiares do participante, eram todas verdadeiras, exceto uma, na qual se descrevia em detalhe como o participante, ainda quando criança, teria supostamente se perdido dentro de um shopping. Após o participante ter lido as narrativas, pedia-se que ele fornecesse mais detalhes daquelas histórias (incluindo a narrativa falsa), e que caso não se lembrasse de alguma delas deveria avisar. Os resultados dessa experiência e de outras que a confirmaram foram surpreendentes: 25% dos participantes não só se "lembraram" do falso episódio como acrescentaram ainda vários detalhes a ele. E mais: mesmo após terem sido informados de que o caso havia sido totalmente inventado, insistiam em se *lembrar* dele e afirmar que era verdadeiro, tamanha a confiança que tinham.

Essa desmesurada confiança na memória tem profundas implicações, por exemplo, no uso do testemunho visual como elemento de prova em crimes. Há inúmeros exemplos de pessoas condenadas a partir de testemunho ocular que posteriormente foram inocentadas quando outras provas foram adicionadas.

Em muitos desses casos, a redenção vem tarde demais. Num exemplo que se tornou emblemático,[9] um americano de 35 anos chamado Steve Titus foi condenado por estupro baseado no reconhecimento visual de uma testemunha cuja lembrança havia sido influenciada pela promotoria. O que inicialmente havia sido um vago "ele mais ou menos parece com o criminoso", passou a um condenatório "tenho certeza absoluta de que foi ele". Embora o erro tenha sido esclarecido, não foi rápido o suficiente para Steve. A acusação do crime e a tensa batalha legal que se seguiu fizeram Steve perder o emprego, a companheira e todo o dinheiro, e morrer logo depois, de ataque cardíaco, provavelmente como consequência das agruras pelas quais foi obrigado a passar.

Esse não foi um caso isolado: a cada ano, muitos são condenados e cumprem longas penas com base em narrativas que posteriormente se mostram equivocadas. Mas não poderíamos qualificar propriamente essas narrativas de falso testemunho; essas pessoas genuinamente acreditavam se lembrar dos fatos que descreviam.

A dificuldade que a testemunha apresenta em identificar seus equívocos pode vir de várias fontes: perspectiva visual ilusória, viés discriminatório baseado em raça, influência de informações ulteriores e outras. Uma destas fontes, que se mostrará particularmente importante no caso do fracassado e seu "testemunho" contra si mesmo, é a busca por manter uma coerência nas narrativas. Isso pode fazer com que passemos mesmo a acreditar em nossas confabulações, que foram criadas apenas para justificar ou confirmar a posteriori o que vemos ou o que dizemos.

Em outra série de experimentos, estudou-se a fidedignidade de lembranças de eventos que ocorreram em situações traumatizantes. Essas situações são relevantes porque poderíamos acreditar que esses eventos, por terem sido mais impactantes, deixariam uma marca mais forte em nossa memória; portanto, mais difícil de ser contaminada. Esse é, por exemplo, o caso do fracassado que atribui sua situação a graves erros passados.

Uma destas experiências[10] foi realizada entre soldados de unidades especiais do exército norte-americano que estavam sendo treinados para situações de captura pelo inimigo. Como parte do intenso treinamento, esses soldados eram submetidos a péssimas condições físicas, inclusive com espancamentos reais, reproduzindo uma situação de tortura e interrogatórios. Após alguns dias de treinamento, os soldados eram "resgatados" e passavam por um procedimento normalmente conhecido como *debriefing*: uma série de entrevistas e questionários visando obter o maior número de informações sobre os eventos enquanto a memória dos soldados ainda está fresca. Durante o *debriefing*, e como parte da experiência, eram apresentadas fotografias de várias pessoas, inclusive de alguém que jamais esteve na sala de tortura, e que serviria apenas de "isca" na pesquisa.

Sempre que os pesquisadores apontavam para a fotografia dessa isca, propositadamente se referiam ao retratado como um dos que haviam torturado o soldado. Dessa forma, os pesquisadores "implantaram" uma memória falsa nos soldados, que poderia mais tarde ser recuperada.

O interessante nessa experiência é que as características físicas e expressões faciais do torturador e da "isca" eram muito diferentes, e é difícil acreditar que se pudesse confundi-los. Mais ainda, durante a sessão de tortura os soldados haviam sido obrigados a olhar de frente o torturador todo o tempo, o que supostamente marcaria essa imagem em suas memórias.

Numa segunda fase da experiência, poucos dias após o *debriefing*, os soldados eram novamente colocados diante das mesmas fotografias e pediam-lhes que identificasse a do torturador. Surpreendentemente, 80% dos soldados "lembraram-se" da isca como sendo o torturador.

VÍTIMAS DA COERÊNCIA

As experiências descritas indicam que nossas lembranças podem ser pouco confiáveis mesmo quando se referem a eventos muito recentes. Mais ainda, como mostra o experimento do "torturador", eventos traumáticos podem ser igualmente ou mais suscetíveis à deformação pela lembrança do que os corriqueiros, ao contrário do que poderíamos supor. O que significa que alguns de nossos erros mais graves e possivelmente traumatizantes que acreditamos estar na origem de nosso fracasso talvez jamais tenham ocorrido.

Isso levanta a dúvida de até que ponto podemos confiar nas lembranças que temos de nossos erros, principalmente após as muitas visitas que fazemos ao passado buscando recriar os eventos que precederam o fracasso, sempre tentando entender e explicar suas causas. Levanta também a aterrorizante possibilidade de que a culpa que sentimos pela derrota seja ao menos em parte imerecida, sendo mero fruto de deformadas lembranças "implantadas" por referências de terceiros ou por nossas próprias associações equivocadas. Estaríamos então sendo injustamente acusados por um *eu-promotor*, julgados de forma parcial por um *eu-juiz* e condenados com base em nosso próprio *falso testemunho*. Nossa narrativa e nossa identidade poderiam estar refletindo mais a lenda que criamos do que a real história que vivemos.

Essa deformação das lembranças pode se agravar em certos casos, como quando a pessoa narra repetidas vezes a falsa memória a pessoas próximas, uma tendência quando nos sentimos fracassados. A cada vez que o ouvinte escuta a história, ela se torna mais familiar, até o ponto em que a memória da narrativa lhe parece ser a memória do ocorrido. Neste momento o interlocutor passa de mero ouvinte a testemunha, confirmando e reforçando cada lembrança e opinião que tem o derrotado de si mesmo, num ciclo vicioso.

O fracassado, por sua vez, usa esse "treino" para aprimorar sua própria versão dos eventos, corrigindo pequenas contradições. Não o faz visando explicitamente enganar o ouvinte, mas simplesmente porque precisa impor coerência à história para justificar sua crença nela. Essa busca pela coerência, que é uma forte necessidade humana, pode levar o fracassado a criar lembranças cada vez mais precisas (e cada vez mais distanciadas da realidade), formando uma coerente, mas equivocada, narrativa de decisões erradas e passos mal dados que explicariam seu fracasso. Dessa forma, atinge o objetivo inconsciente de reforçar a imagem de fracassado.

Essa tendência de alterar a memória para trazer uma coerência à narrativa não é exclusiva do fracassado. Vemos a mesma situação na narrativa daqueles que obtiveram sucesso. Quão coerente nos parece a trajetória dos que se tornaram ricos ou famosos! Cada elemento se encaixa perfeitamente na história, como se os deuses houvessem combinado de lhes mostrar sempre a direção correta a cada bifurcação, mesmo quando o resultado final não era evidente.

Essa situação é semelhante à que se observa numa partida de xadrez. Um exercício comum entre jogadores é o de examinar uma partida de terceiros, interrompida em um ponto arbitrário, e tentar adivinhar quais os passos que levaram àquele ponto. Partindo da última posição das peças no tabuleiro podemos perceber que há um número relativamente restrito de jogadas que teriam levado à mesma, e deduzir qual o lance mais provável que antecedeu a situação presente. Da mesma forma, pode-se inferir qual o movimento que teria feito o opositor na jogada anterior a essa. Retrocedendo dessa maneira, pode-se com certo esforço reproduzir toda a sequência de jogadas da partida, desde o início até a interrupção. Se essa posição final das peças revela uma vantagem estratégica para um dos oponentes, podemos ser tentados a crer que tal situação fora percebeida com antecipação de muitas jogadas. Parece natural que o jogador tenha feito tais ou quais movimentos *para* atingir a situação que estamos analisando.

Uma questão muito diferente, no entanto, é qual jogada deve ser feita a cada momento para se atingir uma determinada vantagem no futuro. Neste caso o número de jogadas possíveis a partir da mesma configuração é muito superior, pois agora devemos incluir também todas aquelas que conduziriam a desfechos diferentes dos que se concretizarão na partida. Dessa forma, analisar a partida de trás para frente não é simétrico a analisar de forma linear: a análise do futuro é muitíssimo mais difícil.

Vemos também, aliás, o quanto muitas vezes é fútil tentar aprender com erros passados: de posse da informação do presente, podemos fazer um diagnóstico de como chegamos ali e mesmo identificar possíveis erros; mas, visto que a vida caminha do presente ao futuro, carecemos de informação sobre a configuração futura para limitarmos o número de hipóteses possíveis, tornando a análise praticamente inútil.

No entanto, todos temos predisposição a explicar situações lançando mão de justificativas que não existiam no momento da escolha. Em uma recente investigação,[11] esse efeito foi demonstrado através de uma interessante experiência.

Os pesquisadores, fazendo-se passar por funcionários de um supermercado que estariam testando uma nova marca de geleia, ofereciam aos clientes provas de dois sabores, apresentados em potes distintos, e lhes perguntavam qual preferiam. Feita a escolha, os funcionários lhes ofereciam uma nova amostra do mesmo pote e lhes pediam para explicar quais características da geleia escolhida haviam sido as mais importantes para a decisão.

O que os clientes não sabiam, porém, é que o pote era dividido internamente, e a segunda amostra provinha de um compartimento com o outro sabor, aquele que não havia sido o preferido. Apesar disso, após a nova prova, os clientes apontavam no sabor "errado" as características superiores que supostamente os haviam feito escolhê-lo.

Na experiência, as geleias eram de sabores muito diferentes: uma doce, de maçã com canela, a outra amarga, de grapefruit, para afastar a possibilidade de os clientes os confundirem (o que acabava por ocorrer ao final da experiência).* Ainda assim, a necessidade de justificar de forma coerente a decisão tomada e a tentação de encontrar justificativas que teriam levado à situação final atuavam de forma poderosa e totalmente inconsciente nos clientes. A memória do que ocorrera no momento da escolha fora fortemente deturpada. Os reais fatores que haviam levado à escolha do sabor selecionado foram esquecidos pelos clientes, e fatores que certamente não ocorreram na primeira prova eram apresentados na segunda como norteadores da decisão.

Assim, tanto o fracassado quanto o bem-sucedido, analisando os passos que os levaram a tais desfechos, correm o risco de interpretar e justificar algumas das escolhas tomadas como tendo sido motivadas por considerações inexistentes à época. Para o bem-sucedido, isso alimentará a ilusão de sua capacidade em fazer escolhas acertadas; para o fracassado, pode aumentar o arrependimento e consequentemente a dor.

---

*Os autores eliminaram outros possíveis fatores, como os clientes estarem relutantes em admitir o erro diante do funcionário etc.

CONVENCENDO-NOS DO QUE QUEREMOS SER CONVENCIDOS

Há uma outra possível motivação para o fracassado deformar lembranças, numa variante das famosas "uvas verdes" que usamos quando não obtemos algo que desejamos. No caso do fracassado, as uvas não obtidas, ou seja, os objetivos não alcançados, passam a ser deliciosas e maduras em vez de verdes: ele se convence de que justamente aquilo que não conseguiu atingir era extremamente desejado, mesmo que na realidade não tenha sido. É um sentimento análogo ao do adolescente que julga ser a mais bonita justamente a moça que o rejeitou.

Dessa forma, o fracassado entende seu sentimento de fracasso como consequência de não ter alcançado os objetivos supostamente tão almejados. E isso pode ser um grande equívoco, porque muitas vezes o fracasso provém não de termos ou não alcançado o objeto desejado, mas por fatores internos como excessiva ambição, supervalorização de nossas habilidades ou pela simples incapacidade de nos satisfazermos com o que já temos.

Para justificar o sentimento de derrota, muitas vezes o fracassado não hesita em alterar sua memória de forma a poder criar uma narrativa aparentemente lógica, que lhe permita se atribuir uma culpa que nunca existiu. É o raciocínio oposto, e talvez ainda mais nocivo, do que daqueles que deturpam o passado para justificar uma trajetória de louros. O bem-sucedido cria uma imagem momentaneamente prazerosa, mas que pode lhe preparar uma armadilha na próxima decisão. O derrotado cria uma aflição adicional, que não teria razão de existir.

É mais uma vez a mente alterando memórias em busca da coerência, como no famoso "A gente se lembra só do que quer lembrar". Ambos os processos revelam algo em comum: uma certa arrogância em acreditar que somos tão poderosos a ponto de poder ter influenciado os fatos numa ou noutra direção, com nossas decisões sempre acertadas ou sempre equivocadas.

Além desse processo, que é basicamente inconsciente, existe um outro que ao menos parcialmente passa pela razão: o da alteração da narrativa visando influenciar nossa imagem. Um dos objetivos nesta alteração é o de sermos vistos pelos outros de modo mais favorável, visando vantagens reais ou imaginárias.

As vantagens de se apresentar como tendo sucesso quando não o temos podem ser explicadas de forma mais ou menos simples. Mas qual seria a vantagem de se apresentar aos outros como fracassado? Por que alguém se sentiria bem ao se apresentar como derrotado?

Uma das respostas possíveis é que esse é um processo semelhante ao da mulher que diz ao marido que está acima do peso, apenas para que ele lhe responda que não está. De certa forma a mulher sabia perfeitamente que não estava acima do peso e que continuava bonita, mas a provocação serve para confirmar o que já sabia, e talvez lhe fornecer argumentos que a convencessem ainda mais de estar no peso adequado. Existe o risco, entretanto, de que, à custa de repetir essa provocação e torná-la mais detalhada, apontando ao marido exatamente quais as partes de seu corpo que teriam excesso de gordura ou todas as refeições exageradas das últimas semanas, a mulher acabe por acreditar em sua história.

Outra possível resposta é que mostrar seus próprios defeitos e falhas é uma forma inconsciente de se esquivar de uma suposta inveja. Geralmente essa suposta inveja nada mais é do que um fenômeno descrito pela psicologia como identificação projetiva. As pessoas tendem a ver o outro como portadores de características que são próprias delas.

Da mesma forma, por vezes o fracassado repete suas lamentações ao ouvinte apenas para ouvir desse os diferentes aspectos em que na verdade ele, o fracassado, teve sucesso. E assim como a mulher que reclamava de seu peso não queria ouvir do marido que esse ainda a amava *apesar* disso, nem sugestões de diferentes dietas, também o fracassado não quer ouvir consolos que *reconheçam* seu estado de fracasso. Ao contrário, qualquer admissão do ouvinte nesta direção irá provocar no fracassado certa irritação e um sentimento de não estar sendo compreendido.

A repetição da deformada narrativa de fracasso tem então duas consequências negativas: faz com que nos sintamos frustrados por não ouvirmos o que esperávamos do interlocutor, e acaba por convencer a nós mesmos da história que contamos. A percepção de fracasso ou sucesso provém, entre outras coisas, dessa narrativa equivocada.

Uma forma simples de reduzir esse sentimento de fracasso pode ser simplesmente escolher de forma mais apropriada as palavras que usamos para nos descrever. Um exemplo é o uso das palavras "sempre" e "nunca", como em "sempre me comporto de forma idiota", ou "nunca consigo acertar". Essa descrição costuma ser incompleta, pois raramente nossas atitudes são tão estáveis assim — seja para o bem ou para o mal.

Além da escolha das palavras, o ponto de vista que adotamos pode alterar radicalmente a narrativa, como na famosa fábula dos cegos que descrevem de forma diferente um elefante quando examinam pelo tato suas distintas partes: um tateia a tromba e descreve o animal como sendo um enorme cilindro oco, um outro apalpa a orelha e imagina o elefante como uma enorme superfície plana. Aliás, não faltam expressões populares que expressam a mesma ideia, como "o copo está meio cheio ou meio vazio?", ou "olhar através de lentes cor-de-rosa" etc.

O grande desafio do fracassado é enxergar a totalidade do elefante.

UM BREVE INTERREGNO

PSICOLOGIA E CIÊNCIA

Em várias partes deste livro descrevemos experiências de psicologia. Essas experiências são importantes para compreendermos os mecanismos mentais que nos interessam, pois isso nos permite limitar o número de fatores que influenciam comportamentos humanos e assim compreendê-los melhor. Isso é importante no estudo de fenômenos psicológicos, em que complexas variáveis estão em jogo, muitas delas interligadas. Experiências em ambiente controlado e com grande número de sujeitos ajudam a entender melhor o papel de cada um dos fatores. Muitas vezes essas experiências dão origem a novas indagações que podem ser igualmente interessantes, conduzindo assim a um entendimento cada vez maior dos mecanismos em ação.

Mas devemos ter em mente as enormes limitações dos resultados, as incertezas associadas a essas medidas, e, em certos casos, mesmo sua confiabilidade. Dissemos acima que o fracassado pode ser seduzido pela coerência da narrativa. O mesmo perigo corremos quando interpretamos os resultados das experiências em psicologia, sendo levados a aceitar conclusões baseadas mais na lógica do pesquisador (que frequentemente coincidirá com a nossa) do que com as reais evidências da medida.

Neste sentido, na última década vários artigos têm apontado para um dos graves problemas dessas experiências: a falta de reprodutibilidade. A reprodutibilidade é um dos pilares do método científico. O resultado da experiência não pode depender de quem a realizou. Ao mesmo tempo, atende à necessidade de toda hipótese científica: a de ser passível de ser refutada.

Por exemplo, poderíamos criar uma bela teoria de que existem pequenos seres de oito braços dentro de nossos cérebros, os quais seguem instruções de malignos marcianos e nos induzem a erros e fracassos, mas isso seria fácil de demonstrar como falso: bastaria abrirmos um crânio e mostrar que nenhum ser, verde ou de qualquer outra cor, reside ali. Mas se nossa teoria for que esses seres são invisíveis e absolutamente indetectáveis, não haveria forma possível de provar que não existem.* Nesse ponto, a teoria passa ao terreno das opiniões ou crenças. A reprodutibilidade é essencial para verificarmos se o fato realmente existe ou não, e sua ausência coloca sérias dúvidas sobre a confiabilidade dos resultados.**

---

*Muitas vezes dizemos que este tipo de teoria "não é sequer errada". Essa expressão é atribuída ao físico alemão Wolfgang Pauli, que recebeu o Nobel pela descoberta do princípio de exclusão dos elétrons. Respondendo a um jovem pesquisador que, ansioso, lhe trouxe seus mais recentes cálculos, Pauli teria dito: "Isso não apenas não é correto, como não é sequer falso!" Desconhece-se que fim levou o pobre pesquisador.

**Naturalmente, uma experiência pode ser reprodutível e continuar errada, caso ambos os experimentadores tenham cometido o mesmo erro e obtido o mesmo resultado equivocado. Do mesmo modo, se a experiência apresenta resultado diferente quando reproduzida, isso pode significar apenas que o segundo experimentador cometeu um erro, não que a experiência inicial estivesse errada. Mas, em todos os casos, a reprodutibilidade é condição necessária, ainda que não suficiente: não podemos confiar no resultado a menos que ele possa ser repetido de forma independente.

Essas críticas têm sido aguçadas por alguns casos de fraude pura e simples, com um dos mais famosos tendo sido talvez o do pesquisador holandês Diederik Stapel, que falsificou dados de nada menos do que 30 artigos científicos até ser descoberto em 2011.[12]

Curiosamente, Stapel parece ter sofrido da mesma tentação que muitas vezes acomete o fracassado: a da coerência da narrativa. Em suas próprias palavras: "Quando eu via os novos resultados [obtidos com dados falsificados], o mundo tornava a ser lógico." A necessidade de compreender o mundo a partir de uma conclusão bastante convincente, mas errada, levou Stapel a alterar os próprios fatos que deveriam estar dando origem à conclusão. Desse ponto de vista, agia como o fracassado que altera suas lembranças do passado para justificar sua compreensão do presente.

Mas não é na fraude que reside o maior perigo: a comunidade científica em psicologia não é menos honesta do que a de outras áreas. A não reprodutibilidade se deve a alguns motivos. Primeiro, os próprios métodos utilizados em psicologia experimental não se coadunam com a repetição da experiência. Imaginemos, por exemplo, que queiramos reproduzir a experiência da escolha da geleia descrita anteriormente. Certamente não poderíamos utilizar os mesmos clientes do supermercado, que já estariam "vacinados" contra as perguntas que lhes faríamos. E isso aponta para o primeiro grande desafio das experiências de psicologia: não apenas os sujeitos seriam outros, mas também seria impossível controlar exatamente o que lhes acontecera naquele dia antes de entrar na loja e inúmeros outros fatores que poderiam influenciar o resultado. A existência dessas "variáveis ocultas" pode alterar de forma dramática o resultado, sem que os autores se deem conta.

De forma semelhante, os pesquisadores podem estar inconscientemente transmitindo sugestões aos investigados (sim, mesmo sendo pesquisadores em psicologia, devendo assim estar duplamente alertas ao problema), orientando-os de forma imperceptível à resposta esperada.

Outra dificuldade surge quando a tentativa de reproduzir os resultados ocorre anos após a experiência original, em regiões geográficas diferentes ou com voluntários de diferentes níveis sociais ou culturais. Como exemplo, pode-se imaginar a dificuldade que teria um segundo time de pesquisadores que quisesse reproduzir uma experiência sobre reações à homossexualidade realizada nos anos 1970. Certamente os valores e a norma vigente nos dias de hoje são bastante diferentes, portanto os resultados seriam diferentes. O mesmo ocorreria se a experiência houvesse sido realizada num país e reproduzida em outro.

Isso aponta ainda para outra dificuldade, talvez a maior delas: como podemos generalizar os resultados de experiências em psicologia, e em ciências sociais de modo geral. A lei da gravitação universal se aplica a qualquer maçã na Terra, independentemente da cor, da forma ou da qualidade, e se estende ainda a qualquer outro corpo, planeta ou galáxia (ao menos pelo que sabemos hoje). Essa universalidade do resultado dá grande força descritiva à teoria, e fundamenta conclusões sólidas. É o que nos permite enviar naves espaciais a outros planetas. Já na psicologia, em que os comportamentos humanos variam muito de indivíduo para indivíduo, o desafio de encontrar leis universais é enorme.

O uso de métodos científicos em psicologia não tem mais do que um século. É natural assim a disciplina ter pegado emprestado métodos de ciências mais estabelecidas, como a física, por exemplo, para avançar rapidamente. Mas nesta queima de etapas algo foi perdido: as rodas das locomotivas nem sempre são as mais adequadas aos automóveis.

Essas e outras perguntas levaram a um projeto realizado por 270 pesquisadores de diversas instituições, liderados por Brian Nosek, da Universidade de Virgínia, no qual se tentou reproduzir resultados de 100 artigos publicados nas mais importantes revistas científicas de psicologia. O estudo foi publicado em 2015,[13] e revelou a surpreendente conclusão de que menos de 40 desses resultados foram reproduzidos (ou seja, apresentaram o mesmo resultado que o reportado inicialmente). Esse resultado acirrou ainda mais os questionamentos de muitas destas experiências e levou a um saudável debate, que continua até hoje.

Uma segunda classe de dificuldades nestas experiências, essa não exclusiva à psicologia, mas encontrada também em áreas como biologia e finanças, é o uso — ou poderíamos dizer abuso — de métodos estatísticos na interpretação dos resultados. Esse problema é encontrado sempre que existe um grande número de fatores que poderiam afetar o resultado, como no caso das experiências que mencionamos acima.

Não bastassem todas as dificuldades metodológicas e de interpretação nas experiências de ciências sociais, o pesquisador esbarra também em barreiras devidas à cultura do meio acadêmico. Experiências que visem meramente reproduzir resultados anteriores não encontram lugar de destaque na literatura. As revistas científicas promovem a publicação de resultados originais, e as promoções acadêmicas são geralmente baseadas nestas publicações.*

Com tudo que foi dito até aqui, seríamos tentados a desconsiderar a utilidade das experiências em psicologia. Isso seria um erro. Essas experiências, mesmo com todas as incertezas, e apesar de toda a cautela que devemos ter, fornecem indicações, eliminam fatores, apontam direções e nos ajudam a pensar sobre perguntas importantes. Elas ajudam a colocar as questões em bases objetivas, e substituem as observações casuais que temos em nossa vida por uma sistemática coleção de comportamentos, em que se procura, dentro do possível, restringir fatores alheios. Desse ponto de vista têm alto valor, e ajudam a iluminar os difíceis problemas que abordamos neste livro.

---

*Esse problema não aparece com tanta intensidade nas ciências exatas, porque nestas, talvez pelo estágio de maturidade em que se encontram, o avanço se dá principalmente através de evoluções e modificações, o que requer necessariamente a reprodução de experiências anteriores.

7
OPORTUNIDADE E ARREPENDIMENTO

OCCASIO E METANOIA

Há 2500 anos, na cidade de Sicião, na Grécia, um famoso escultor chamado Lísipo mantinha à entrada de sua casa uma estátua em bronze de um belo jovem de pés alados e portando na cabeça um único cacho de cabelos.[14]

Essa estátua representava o deus Kairós, filho mais novo de Zeus, e simbolizava a oportunidade perdida. (Curiosamente, o jovem nu representado na estátua apresentava determinado órgão de seu corpo desproporcionalmente grande e ereto, talvez indicando certa oportunidade a não ser jamais desperdiçada.) Na base dessa estátua foi inscrito um belíssimo epigrama que reflete a eterna luta entre a *oportunidade* e o *arrependimento*.

O autor desse epigrama, Posidipo, vivia no que atualmente é o Egito, então sob o domínio dos generais de Alexandre, o Grande. Em sua juventude, Posidipo escreveu principalmente epigramas sobre sexo, que parecia ser um tema bem visto à época (a própria rainha casara com o irmão, sem que isso gerasse maiores problemas na corte). Com a maturidade, Posidipo variou os temas de seus epigramas. Alguns desses foram registrados em papiro e acabaram usados como revestimento barato de uma múmia esquecida no deserto por dois mil anos, até ser pilhada e vendida ao Ocidente por traficantes de antiguidades. Quantasperipécias, quantos caminhos não antecipados atravessados pelos epigramas, e como permaneceram verdadeiras as palavras ali dirigidas ao deus da oportunidade. Deixemos que o autor a expresse, como inscrita na estátua de Lísipo:[15]

— Por que estás nas pontas dos pés?
— Estou sempre correndo.
— Por que tens asas nos pés?
— Porque voo com o vento.
— E por que seguras uma lâmina?
— Para mostrar que sou mais afiado do que qualquer gume.
— E por que tens os cabelos caindo em seu rosto?
— Para que possa me levar pelo topete quem me encontre.
— E por que, em nome dos céus, sua cabeça é calva atrás?
— Porque ninguém por quem eu tenha passado pode, por muito que o deseje, agarrar-me por trás.
— Por que o escultor te criou?
— Para seu benefício, estrangeiro.

Séculos mais tarde, durante o período romano, Kairós teve seu nome modificado para Occasio (de onde se origina nossa palavra *ocasião*), e o epigrama de Posidipo foi alterado para incluir uma companheira sempre presente, representando o arrependimento, e que agora se introduz ao leitor dos versos:

— Sou a deusa que exige castigo pelo que foi e não foi feito, e para que as pessoas se arrependam. Meu nome é Metanoia.*

E Occasio, referindo-se a Metanoia, acrescenta:

— Sempre que saio voando, ela permanece atrás de mim. Aqueles por quem eu passo é a ela que agarram. E você, enquanto está me perguntando todas essas questões e adiando com suas perguntas, também vai descobrir que escapei de suas mãos.

E assim nos é introduzida a cruel deusa do arrependimento, sempre seguindo a oportunidade perdida que não seguramos pelos cabelos a tempo, e a quem não podemos mais alcançar.

Figura 7.1: *Oportunidade e Arrependimento*, do artista renascentista Andrea Mantegna.

---

*Em grego, Metanoia combina as palavras "além" e "pensar", significando "reflexão posterior". No Império Romano, Metanoia tem seu nome mudado para *Paenitentiae*, de onde derivou a palavra "penitência".

Nos séculos e milênios que se seguiram, dos romanos aos renascentistas, essa poderosa imagem da oportunidade que passa por nós e a do arrependimento que a segue foi representada em esculturas, pinturas e poemas. Seguindo a descrição clássica e refletindo o sentimento a ela associado, Metanoia apresenta sempre um rosto triste e melancólico, expressando o profundo sofrimento a ela associado. Geralmente é representada com os pés apontando na direção oposta ao rosto, refletindo uma desesperada tentativa de alcançar o que já passou. Que essa imagem tenha persistido por séculos reflete a constância e a atualidade do tema, que acompanha a humanidade em cada um de seus indivíduos.

O arrependimento atravessa não só o tempo como também a geografia, tendo sido abordado da Índia à China, em textos budistas, por exemplo. E, aparentemente, vai além do nosso mundo: numa leitura literal da Bíblia, Deus mesmo parece se arrepender em várias ocasiões. Assim, apenas tendo criado Adão e seus primeiros descendentes, expressa arrependimento por sua obra; tendo ungido Saul rei de Israel, arrepende-se por ter esse lhe desobedecido, tendo infligido dores ao seu povo. Deus chama Jeremias e lhe diz que se arrepende e que os tormentos terminarão.[16]

Para entendermos essa universalidade do arrependimento, podemos começar por examinar o processo que lhe antecede: a Decisão. A decisão pode ser a de agarrar Kairós pelos cabelos quando com ele nos deparamos ou a de termos criado nossa própria oportunidade e agido de acordo. Em ambos os casos há uma escolha, com efeitos por vezes enormes em nossas vidas.

O CASTELO DE KAFKA

Podemos compreender que Metanoia tenha se arrependido por não haver agarrado pelo topete o lindo deus que tinha diante de si. Em nossos dias, porém, em que os deuses perderam a popularidade e já não circulam à nossa volta exibindo os símbolos que os identificavam (sem falar de suas partes íntimas), reconhecer a oportunidade quando essa surge não é tarefa fácil. Estaria ela no emprego que nos foi oferecido? Ou, pelo contrário, oculta naquele que idealizamos e não tivemos coragem de aguardar? Seria Occasio aquela pessoa com quem não ousamos perseguir uma vida em comum no casamento, ou aquele que apenas nos esperava para uma curta relação amorosa?

Em seu denso e poderoso conto "Diante da Lei",[17] Kafka narra a história de um homem do campo que tenta entrar num castelo bem protegido com altos muros. A cada tentativa, um guarda o alerta para as inúmeras dificuldades que encontrará se entrar, ou insinua que não é ainda o momento adequado. Todas as obstruções do guardião são, porém, ambíguas e parecem sempre deixar a escolha ao homem.

"Se você quiser muito entrar, tente mesmo com minha proibição, mas eu sou poderoso e os outros guardas o são ainda mais", diz-lhe. "É possível entrar, apenas não neste momento", acrescenta. E assim por diante...

Os dias passam e se transformam em anos, as súplicas do homem se renovam, e sua vida se consome entre o desejo de entrar e as respostas evasivas do guardião. Finalmente, sentindo que irá morrer em breve, o homem pergunta ao guardião por que ninguém mais tentara, ao longo de todo esse tempo, atravessar aquele portão. E o guarda lhe responde: "Ninguém mais poderia entrar nesta porta, pois era reservada apenas para você. Agora vou fechá-la para sempre."

Para Kafka, o castelo representava a Lei e a dificuldade do homem comum de penetrá-la. Mas pode ser entendido igualmente como as diferentes oportunidades que a vida coloca à nossa frente. Como no conto, na vida encontramos (ou criamos) vários guardas que parecem impedir nossa entrada por diferentes portas. Quase todos se apresentam de forma ambígua, nos respondem obliquamente e sem indicação do que nos espera se ousarmos entrar. Essa é a tragédia da oportunidade, a de jamais ser clara em suas intenções, jamais revelar suas consequências, seduzindo e ameaçando.

O que resta a nós, homens do campo diante de portas luminosas e bem guardadas, é a opção de estarmos permanentemente alertas a suas possíveis manifestações. Isso, porém, requer certo grau de otimismo, porque para nos lançarmos aos braços de Occasio devemos estar confiantes de que não se trata apenas de mais uma das armadilhas criadas por muitos dos impostores que tentam personificá-lo. Caminhamos por um mundo repleto de sereias que tentam nos atrair simulando ser a oportunidade que tanto aguardamos, apenas para depois descobrirmos que a verdadeira oportunidade estava bem ali junto de nós, onde nos encontrávamos desde o início.

Mas a oportunidade não é inteiramente um jogo de dados. Em primeiro lugar, porque em muitos casos podemos criar nossas próprias chances, influenciando os acontecimentos para que caminhem na direção que perseguimos, como uma funcionária que trabalha arduamente para chamar a atenção da diretoria, um homem solteiro que articula encontros com a mulher que lhe interessa etc. Em segundo lugar, reconhecer a oportunidade, embora difícil, não é pura sorte: estar atento a pequenos detalhes em cada porta que se abre, ter claro qual o caminho que queremos seguir e, sobretudo, a experiência contribuem para identificarmos e aproveitarmos a fugaz oportunidade quando essa surge. Isso requer certo método, aprendido ou adquirido inconscientemente ao longo dos anos.

O primeiro passo desse método é identificar a oportunidade quando ela se apresenta diante de nós. Ou seja, perceber que uma decisão particular pode abrir portas que nos levarão muito além dos efeitos imediatos da escolha. Essa identificação, como mencionado antes, requer otimismo e uma predisposição a antecipar as trajetórias positivas entre as inúmeras alternativas, uma permanente vigília aos acontecimentos favoráveis e uma atitude otimista de crença em nossa capacidade. Essa predisposição deve coexistir com nossa natural cautela, o medo de ser devorado pelo predador coexistindo com a esperança de uma boa refeição.

Uma vez identificada a existência das diferentes rotas que a oportunidade nos oferece, o passo seguinte é comparar os esperados resultados de cada uma. Essa é uma tarefa dificílima, análoga a um jogador de xadrez tentando antecipar as inúmeras jogadas possíveis, porém muito mais complicada devido à complexidade da vida e à quase ausência de regras.

As variantes são infinitas, cada uma levando a um desenlace e cada escolha podendo nos trazer o sucesso ou o fracasso. E, como no jogo de xadrez, há um relógio marcando nosso tempo, impiedoso e inexorável, exigindo a resposta quando ela ainda não existe e nos lembrando que a não decisão pode ser uma decisão ainda mais grave.

Examinamos então as alternativas sob diferentes ângulos, até que em algum momento esse processo de decisão se cristaliza e, mesmo sem termos todos os dados (e nunca os teremos), concluímos se estamos à frente de uma oportunidade a ser abraçada ou se, ao contrário, devemos optar por abandoná-la.

Neste momento decisivo, um dos fatores que guiam nossa escolha é o medo do arrependimento. Arrependimento de termos pagado demasiado, ou de não termos oferecido um pouco mais. Arrependimento de não termos sido arrojados o suficiente, ou então de termos sido tímidos demais. Arrependimento de termos entrado no castelo desconhecido, ou de não termos insistido na porta que era nossa.

ARREPENDER-SE PELA AÇÃO OU PELA OMISSÃO?

Muitas das decisões que devemos tomar podem se resumir a fazer ou não. Ou, em outros termos: *ação* e *omissão*. Essa parece ser também a questão que se colocava Shakespeare, em seu hoje mais do que famoso solilóquio:

> Ser ou não ser, eis a questão: será mais nobre
> Em nosso espírito sofrer pedras e flechas
> Com que a Fortuna, enfurecida, nos alveja,
> Ou insurgir-nos contra um mar de provocações

[...]
E desde que nos prendam tais cogitações,
Empresas de alto escopo e que bem alto planam
Desviam-se de rumo e cessam até mesmo
De se chamar ação.

A ação que Hamlet ponderava era o suicídio, mas mesmo em nossas decisões mais corriqueiras estamos sempre nos deparando com a mesma questão: ser ou não ser, fazer ou não fazer, agir ou omitir. E a hesitação traz consigo graves consequências (ou nas palavras de Shakespeare: "*empresas de alto escopo cessam mesmo de se chamar ação*").

E o que torna mais difícil a decisão não é apenas o equacionamento preciso da pergunta e a elaboração da resposta, mas a potencial dor do arrependimento caso a opção tomada tenha sido a errada.

Há ampla evidência em nossas vivências diárias, e comprovadas por experiências de psicologia, de que o receio de nos arrependermos por termos agido de forma errada é tão intenso que as pessoas chegam mesmo a pagar em dinheiro para não correr esse risco. Do ponto de vista evolutivo, esse comportamento faria sentido: deparados com uma situação nova, a opção de nos mantermos no estado onde nos encontramos é tentadora; afinal, foi esse *status quo* que nos permitiu sobreviver, ao menos até aquele momento.

Por motivos semelhantes, as empresas comerciais exibem grande inércia quanto a mudanças de estratégia, e seus dirigentes tendem a ser conservadores em suas decisões: o risco de ter deixado passar uma oportunidade é percebido como menor do que o de ter arriscado e perdido. Uma ação equivocada pode ter consequências inesperadas e nos colocar em situações imprevisíveis, ao passo que a omissão geralmente nos deixa no terreno conhecido onde estamos.

Por outro lado, à medida que o tempo passa são os arrependimentos pelas oportunidades que deixamos passar os que mais nos atormentam. Arrependimento de não termos seguido determinada carreira, de não termos casado com a pessoa querida, de não termos sido generosos quando tivemos a oportunidade, são os que as pessoas mais claramente sentem e manifestam quando analisam suas vidas, e são os que vivenciam em momentos de introspecção. Existe grande número de estudos sobre a coexistência destas duas tendências:[18] o receio do arrependimento pela ação e o do causado pela omissão. O que esses estudos parecem indicar é que, vistos a distância, os arrependimentos por ações tendem a diminuir com o tempo, mas aqueles causados pelas omissões perduram e até mesmo aumentam.

Sabendo disso, devemos nos esforçar para não deixar passar oportunidades, ainda que com as inevitáveis incertezas associadas, para evirar a dor maior que a omissão poderá trazer cedo ou tarde. Por exemplo, consideremos duas situações: na primeira, decidimos vender ações de certa empresa que possuímos há anos, e alguns dias depois o seu valor sobe em 20%. Na segunda, decidimos conservá-las e o preço cai os mesmos 20%. Embora o prejuízo tenha sido o mesmo em ambas as situações,* o arrepen-

---

*Para o leitor mais detalhista, estamos ignorando aqui a ligeira diferença devido ao denominador ser diferente nos dois casos, o que em nada altera a conclusão.

dimento no primeiro caso será geralmente mais intenso. Tentemos entender o porquê.

No cenário em que vendemos as ações, nos acusamos de ter agido precipitadamente e nos sentimos responsáveis pelo desenrolar dos acontecimentos. Essa responsabilidade é o que nos atormentará. Já no caso de termos simplesmente mantido as ações que já possuíamos, sentimos o prejuízo como tendo sido determinado pelo mundo externo (no caso, pelos movimentos do mercado), e imposto a nós de uma forma que não poderíamos ter previsto. Com isso, sentimos que de certa forma dividimos a responsabilidade com o "destino", o que atenua nosso sofrimento.

Porém, à medida que o tempo passa, o arrependimento por nossa ação se abranda. Uma das razões é que com o tempo temos mais oportunidades de remediar o erro cometido. Por exemplo, se casamos com a pessoa errada podemos nos divorciar, se escolhemos um emprego errado podemos mudar de firma, e assim por diante. Mas as consequências da inação são percebidas no futuro como duradoras: a pessoa com quem deixamos de casar seguiu sua vida e já está casada com outro; a vaga que recusamos já está ocupada.

Naturalmente, essa percepção é equivocada: os caminhos alternativos em nossas vidas são infinitos tanto num quanto noutro caso. Se casamos com a pessoa errada e a comparamos com possíveis escolhas melhores, podemos decidir se queremos divorciar ou não; ao passo que, se deixamos de casar com a pessoa amada e a comparamos com ela mesma, a idealizamos cada vez mais, conferindo a ela atrativos que jamais poderão ser alcançados por qualquer outra. É a porta do castelo de Kafka que se fechou para sempre.

Outra razão da diminuição do arrependimento no caso de termos agido de forma equivocada é que, com o tempo, encontramos consolos como "ao menos aprendi com meu erro", mais difíceis de serem formulados no caso da omissão. Por outro lado, ao nos distanciarmos dos acontecimentos, os receios que nos imobilizaram no passado nos parecem mais e mais descabidos e as dificuldades que havíamos antecipado perdem importância. Assim, termos deixado de seguir uma carreira em medicina por havermos temido a dificuldade do curso hoje nos parece um grande erro, e acreditamos que teríamos tido a capacidade de superá-la. As dificuldades econômicas que antecipamos quando decidimos não casar com aquela pessoa especial nos parecem hoje pequenas e superáveis.

Isso ocorre porque as razões que nos levaram a não agir quando a oportunidade surgiu, ainda que tenham sido razoáveis, tendem a se dissipar de nossa memória. Hoje, sentindo-nos fortes, esquecemos como éramos fracos. Esquecemos também as tantas dúvidas que tivemos à época, as considerações que fizemos por absoluta falta de dados e as inúmeras alternativas que acreditávamos ter.

Por outro lado, as motivações para termos agido permanecem associadas à lembrança mesma do ato. Assim, nos lembraremos para sempre do que nos atraiu na mulher com quem casamos, principalmente porque ela passa a ser parte de nossa vida e convivemos com essa presença diariamente. Já as que não foram a escolhida se distanciaram de nós pelos caminhos da vida, ou ao menos deixaram de pertencer a nosso universo imediato, e assim se torna cada vez mais difícil nos lembrarmos quais fatores nos levaram a rejeitá-la.

Entre as razões de escolher a inação, uma de que tendemos a nos esquecer posteriormente é o que em economia se chama *custo da oportunidade*. Cada vez que decidimos agir e escolhemos uma determinada trajetória, fechamos as portas para todas as trajetórias alternativas, ao passo que enquanto não nos comprometemos temos diferentes opções à nossa frente. Desse modo, não termos seguido medicina nos deixou a porta aberta para possíveis oportunidades no mundo do direito, não termos casado com aquela mulher maravilhosa nos deixou disponíveis para procurar outra ainda melhor.

Essa *opção* de agir tem um grande valor, pelo mesmo motivo que em investimentos financeiros os bens líquidos são mais valorizados do que aqueles que imobilizam o capital. Com o passar do tempo, tendemos a esquecer essas considerações, por vezes inconscientes do custo que existe em tomar uma decisão e com isso eliminar as diversas alternativas. Mais ainda, olhando essas opções em retrospecto temos a vantagem de saber o que ocorreu a seguir, e sabemos que essas atraentes oportunidades nunca se materializaram, o que torna ainda mais difícil compreendermos por que deixamos de agir no passado. Dessa forma, encontramos justificativas para nossos erros por ações realizadas, cujas consequências estão junto a nós, mas as omissões nos trazem apenas a pungente dor da pergunta: "Por que nem sequer tentei?"

Essa nossa tendência a vivenciar simultaneamente as diferentes opções que poderíamos ter tomado em nossas vidas é de alguma maneira análoga a algo que ocorre não em nossas mentes, mas na natureza, ao menos na descrição da mecânica quântica. Nesta descrição, cada átomo de cada objeto que nos rodeia está não em uma dada posição, mas simultaneamente em todas as posições ao mesmo tempo. É apenas quando observamos esses átomos que eles "decidem" (e felizmente não se arrependem nunca, ou esse seria um mundo difícil de se viver) e escolhem onde devem estar.

A diferença entre o mundo natural da mecânica quântica e nosso mundo interno é que os átomos estão de fato ocupando várias posições ao mesmo tempo, ao passo que as diferentes opções na vida ocorrem apenas em nossa mente — a menos que estejamos vivendo em um entre os infinitos universos paralelos que coexistem ao mesmo tempo, no que os físicos chamam de multiverso. Mas vamos retornar ao nosso tema, sob risco de criarmos universos paralelos neste livro mesmo.

Há uma outra razão, se assim podemos chamá-la, da inação nos induzir mais arrependimento do que a ação. No caso da ação, o arrependimento é causado pela consequência bem específica do ato que realizamos. Na omissão, o arrependimento é pelas muitas diferentes opções não realizadas, que nossa imaginação multiplica cada vez mais com o passar do tempo, enriquecendo-as com detalhes que as tornam mais e mais atrativas.

Assim, termos casado com a pessoa errada é confirmado diariamente e concretamente com os atritos que temos hoje no casamento infeliz, ao passo que não termos casado com a pessoa acertada é comparado não apenas com um único cenário, mas com as infinitas possibilidades de uma relação perfeita, com os filhos maravilhosos que não tivemos, e com as mais diversas variantes de tudo o que não ocorreu mas poderia ter ocorrido.

Mais uma vez, nada há de racional nesta percepção, visto que cada ato errado igualmente fechou a porta para uma miríade de opções. Mas como sabemos hoje exatamente aonde os caminhos que tomamos nos levaram no mundo real, são a esses que nossa atenção se volta, ao passo que os caminhos não seguidos permanecem todos abertos às nossas imaginadas trajetórias.

A DOR DO ARREPENDIMENTO

Cada um de nós sente a dor do arrependimento de forma diferente. Para aqueles de mais sorte, ou maior capacidade, o arrependimento nada mais é do que uma serena análise dos eventos passados, próximos ou longínquos, em nossas vidas. Desse ponto de vista ele pode ser algo salutar, e nos proporcionar uma oportunidade para reposicionar atitudes ou tentar corrigir rumos.

Há, porém, uma grande diferença entre essa análise racional e as emotivas reações, por vezes violentas, que o arrependimento e a autorrecriminação podem trazer. Em casos extremos o arrependimento é tão intenso que passa a causar sofrimento físico, além do mental. Nestes casos, arrependimento leva não a uma fria interpretação, mas a um constante fluxo de recriminações internas que só fazem aumentar o sofrimento.

Os efeitos desse sentimento podem ser arrasadores, levando a uma profunda hostilidade contra si mesmo, impossível de ser resolvida — pois não se pode alterar o passado nem desfazer o que foi feito. Mas por mais evidente que seja essa constatação, sua lógica não detém o arrependido, que se comporta como se acreditasse em poder extirpar um "outro" de dentro de si: um "outro" culpado por todos os erros, que reúne todas as más qualidades que o arrependido vê em si mesmo, e que o repugnam imensamente.

O arrependido revisita então o passado, esmiuçando cada passo desse "outro", tentando emboscá-lo antes que cometa o erro fatídico e salvar-se assim das consequências que tão bem conhece. Neste sentido, age como os personagens dos tantos filmes e livros de ficção, em que o filho viaja ao passado para impedir um ato do pai e assim abortar seus efeitos no futuro. Mas não há volta, e ao final do filme o arrependido se depara novamente com a imutável derrota, o que não o impede de tentar novamente pouco tempo depois. Esse processo só aumenta a dor do fracassado arrependido, tendo que sofrer tanto pela consequência no hoje do erro passado quanto pela impossibilidade de alterar o que foi.

A VANTAGEM DE SOFRER

Sendo tão obviamente nociva, qual a motivação que levaria o fracassado a vivenciar o arrependimento e a culpa? Haveria alguma vantagem nesta opção? Haveria alguma utilidade, algo mais do que o passageiro alívio da imaginada trajetória alternativa fatalmente tendo que ser recriada repetidamente? Por que estaria a mente causando tanto dano a si mesmo, por tão pouco resultado?

Uma possibilidade é que a culpa, pela severa punição assim dada ao fracassado, o estaria condicionando a não repetir o erro. Por receio de punição semelhante, o fracassado dobraria seus cuidados no futuro, e a culpa seria, portanto, um útil instrumento de aprimoramento. Uma dificuldade de sustentar esse argumento é que os fracassos tendem a ocorrer em série, donde se verifica que o método, no mínimo, é pouco eficiente.

Outra possibilidade é supor que os minúsculos momentos de prazer gerados pelas imaginadas trajetórias alternativas são, ainda que marginalmente, uma compensação ao enorme sofrimento causado pelo insucesso. Como um viciado em drogas, o fracassado está sempre a relembrar seus erros, na esperança de reproduzir a agradável sensação de eliminá-los mentalmente, ainda que muito brevemente. São pequenos momentos em que o presente é substituído por sonhos, alguns raros segundos nos quais a triste consciência do fracasso desaparece, e em seu lugar vive-se um mundo doce de tudo o que poderia ter sido.

Poderíamos nos perguntar por que o fracassado, em vez do esforço em recriar o passado, simplesmente não sonha com um futuro mágico de novas e igualmente prazerosas trajetórias. Por que não, como uma criança que imagina poder voar, acreditar por alguns segundos em um futuro onde ilimitados prazeres o aguardam? A resposta talvez seja porque nenhuma destas satisfações imaginadas, nenhuma destas possíveis trajetórias, seriam tão prazerosas quanto o enorme e imediato alívio de eliminar a dor concreta da culpa.

Há ainda uma outra consideração a ser feita sobre a motivação para o arrependimento: ele é uma tentativa de negarmos nossa impotência. Temos dificuldade em aceitar que o que fizemos foi porque não pudemos evitar. Não que escolhemos fazê-lo, mas simplesmente porque não tivemos ou não percebemos todos os dados necessários para tomar a decisão mais acertada. Essa decisão depende de nossa maior ou menor fragilidade emocional, ou ao menos da que tivemos na época, e não temos controle sobre ela.

A consciência do passado e a do futuro são mais bem vivenciadas através da razão. Quando tentamos nos relacionar com elas através da emoção, sofremos em ambos os casos. Do passado, a emoção traz a dor da saudade do que foi bom e já passou, ou a mágoa e o arrependimento do que foi ruim; quanto ao futuro, a emoção nos pune com a consciência das perdas que virão. Dessa forma, melhor deixar passado e futuro para serem examinados pela razão, que tira experiências e aprendizado do primeiro e procura antecipar e preparar o outro.

Nesta contabilidade de dores e prazeres e das vantagens e desvantagens da culpa e do arrependimento, podem-se alterar de várias formas as diferentes parcelas, mas o resultado final é imutável: a culpa amplifica, não atenua, a dor do fracasso. Ou, poderíamos dizer mesmo: a dor do fracasso é devida justamente ao sentimento de culpa.

Mas há algo que talvez possa ser feito, se não para eliminar, ao menos para aliviar essa culpa: procurar convencer-nos da falta de lógica desse sentimento, por não podermos deixar de ser como somos, e, portanto, não termos responsabilidade pelo fracasso (tampouco pelo mérito no caso do sucesso). Desse ponto de vista não seríamos diferentes do que uma árvore frutífera, a qual não se pode culpar por não produzir frutas suficientemente doces. Esse caminho, porém, não é de fácil implementação.

Por um lado, como vimos ao falar sobre o livre-arbítrio, a lógica desse argumento pode ser questionada, e assim não é óbvio que a analogia com a árvore seja perfeita. Por outro, ainda que adotássemos a posição de que não há livre-arbítrio (e, portanto, não há culpa), restaria a enorme dificuldade para aqueles que neste momento se sentem intensamente culpados de seguir qualquer lógica exceto aquela que os mantém exatamente onde estão.

Ou seja, a culpa e o arrependimento, quando extremos, obstam toda razão. E se de fato aceitamos que não há livre-arbítrio nada teríamos a fazer neste caso. Apesar dessas dificuldades, vale a pena examinar essa proposta, porque, caso funcione, poderá fornecer certo alívio, ainda que passageiro, à culpa do fracasso.

Por outro lado, há pessoas que optam conscientemente por lutar contra o arrependimento, encontrando pouco valor em se castigar por atos passados que não podem ser mudados. Essa é uma posição lógica e pragmática que visa minimizar o sofrimento, principalmente aquele inútil que resulta quando passamos da análise fria a uma repetição vã de erros passados. Seguir esse caminho exige, porém, um aprendizado não simples de ser adquirido. Trata-se de um exercício de domínio sobre nossa imaginação e sobre o fluxo de nossas ideias, não dessemelhante da meditação, o que exige aprender a afastar ativamente certas lembranças, em vez de cultivá-las.

SOBRE HOMENS E RATOS

Uma questão interessante é se a dor do arrependimento provém da perda que sofremos no momento atual ou do sentimento de termos cometido um erro no passado que levou a essa perda.

Apesar de estarem associadas, não são a mesma coisa, e entender a diferença pode ajudar a combatê-la. Em certas circunstâncias pode ser mais fácil conformar-se com a perda sofrida do que com o erro cometido. Infelizmente, e de certa forma ilogicamente, muitas vezes é o fato de termos cometido o erro o que causa a dor, não propriamente a perda. Isso pode ser observado principalmente por introspecção, mas uma experiência recente confirmou a existência desse sentimento em... ratos!

Nessa experiência, procurou-se simular algo corriqueiro entre os humanos: suponha que estamos planejando um jantar numa churrascaria, mas quando chegamos lá, nos deparamos com uma fila. Como não queremos esperar, mudamos nosso plano e nos dirigimos a uma pizzaria. Chegando à pizzaria, verificamos que a espera ali é ainda maior do que na churrascaria. Naturalmente, ficamos decepcionados e nos sentimos incomodados por não termos simplesmente permanecido na churrascaria, ainda que com fila.

Semelhante situação pode ocorrer em casos de escolhas mais simples (como pegar um desvio para escapar do trânsito apenas para nos vermos num engarrafamento ainda maior) ou bem mais importantes (abandonar um empreendimento comercial por julgar que avançava muito lentamente e terminar num outro que leva tempo ainda maior).

Dependendo da importância da escolha, o mal-estar gerado pode ser apenas um incômodo, leve irritação ou verdadeira dor. A pergunta que se coloca é se esse incômodo é causado por estarmos agora desejando aquela deliciosa carne da churrascaria que não temos mais, ou se é devido a percebermos que nossa opção de sair da churrascaria foi errada, ou seja: a dor do arrependimento.

A importância de compreender-se essa sutil diferença é que, enquanto no primeiro caso podemos agir no sentido de solucionar a questão, no segundo carregaremos culpa e arrependimento sem possibilidade de reparação.

Para compreender melhor os mecanismos mentais envolvidos na questão acima, alguns pesquisadores da Universidade de Minnesota[19] utilizaram ratos num engenhoso aparato simulando uma "praça de alimentação" com "restaurantes" para ratos. Esses restaurantes nada mais eram do que pequenas áreas interligadas onde se servia a "especialidade da casa" — pequenas amostras com quatro sabores: banana, chocolate, cereja ou sem sabor.

Assim como nós, cada rato tem sua preferência por diferentes sabores, e essa preferência determina quanto tempo estará disposto a esperar num restaurante antes de ficar impaciente e mudar de ideia. Por exemplo, um rato pode gostar tanto do sabor banana que estaria disposto a esperar até 20 segundos para obtê-lo, mas não esperaria mais do que 10 segundos para o sabor cereja, que era menos preferido. Esse limiar de tolerância era determinado pelos pesquisadores numa fase preparatória da experiência.*

Uma vez determinado esse limiar, o rato era colocado na praça de alimentação e corria a um dos restaurantes, onde ficava aguardando a liberação do petisco. Como a comida vinha em intervalos aleatórios, o rato não sabia quanto tempo isso levaria.

---

*Para determinar o limiar de tolerância, os pesquisadores emitiam um sinal sonoro enquanto o rato aguardava o petisco. A frequência desse sinal era proporcional ao tempo que o prato levaria para ser servido. Após algum treino, os ratos aprendiam a interpretar o sinal sonoro como um "tamanho da fila", e segundo suas preferências de sabor decidiam quanto tempo estavam dispostos a esperar. Para cada sabor os pesquisadores anotavam a frequência que fazia o rato desistir da espera e correr para outro restaurante, e determinavam assim a tolerância de cada rato para cada um dos sabores.

Por vezes se impacientava e corria a um outro restaurante sem esperar o petisco surgir. Chegando lá, por vezes tinha a má surpresa de que a espera ali era ainda maior.

Se é que existem raciocínio ou sentimentos nos ratos, e se esses são semelhantes aos nossos, podemos distinguir dois casos na experiência:

Caso A: O rato mudou de ideia porque o tempo de espera era maior do que seu limiar de tolerância para aquele sabor. Nesse caso, o sentimento seria de decepção e não de arrependimento: a decisão de mudar de fila havia sido razoável e "lógica".

Caso B: Por outro lado, se o rato decidiu mudar de restaurante antes mesmo de atingir o limiar de tolerância, deveria sentir arrependimento, pois cometera um erro de julgamento ao se precipitar.

Quando a mudança de opinião fora precipitada (Caso B), o comportamento do rato se alterava de três formas, todas semelhantes ao que acontece com humanos quando se arrependem (mas não quando se decepcionam):

Primeiro: O rato parava e ficava olhando repetidamente para trás na direção do restaurante que havia deixado passar.

Segundo: Os ratos arrependidos, em vez de saborearem o petisco da "segunda opção" e se limparem calmamente como faziam no Caso A, engoliam rapidamente a comida e partiam apressados para o próximo restaurante.

Terceiro: O arrependimento alterava seu comportamento futuro: os ratos ficavam mais propícios a aceitar um "mau negócio" após terem vivenciado o arrependimento.

O ponto interessante é que durante toda a experiência os cientistas mediam através de pequenos eletrodos o que se passava em duas áreas distintas do cérebro. A primeira área manifestava reação apenas quando o rato *recebia* o petisco preferido. A segunda meramente por *entrar* no restaurante favorito.

Como dissemos acima, no Caso B o sentimento esperado era de arrependimento (por ter desistido antes do tempo) e o comportamento do rato correspondia ao que esperávamos nestas circunstâncias. Agora bastava observar os eletrodos para sabermos qual a origem desse remorso.

Feitas as medições, observou-se que a área cerebral correspondente ao restaurante favorito exibia intensa atividade neurológica, e não a área correspondente ao petisco favorito. Isso indicava que o comportamento do rato (e podemos talvez inferir, seus "sentimentos") era devido ao arrependimento pela escolha equivocada do restaurante, não pela ausência do petisco favorito.

Essa elegante experiência aponta dois resultados interessantes: por um lado, indicaria que o sentimento de arrependimento talvez seja tão universal a ponto de se estender a animais, ou ao menos aos ratos. Por outro, comprova diferentes simulações realizadas em humanos e que muitas vezes podemos observar em nós mesmos, em que se mostra que a dor do arrependimento é maior do que a da decepção. Tanto no arrependimento quanto na decepção estamos comparando o que existe com o que poderia ter sido, mas no arrependimento o sentimento de culpa aumenta o sofrimento. É por isso, por exemplo, que o apostador no cassino sofre mais com a escolha malfeita do que com a quantia perdida no jogo (o que o induz a jogar novamente, na esperança de corrigir seu erro). Ou, nas palavras dos autores da pesquisa: "Não nos arrependemos pelas *coisas* que não atingimos, mas sim pelas *decisões* não tomadas."

Naturalmente, muito se poderia questionar nesta experiência, a começar pela validade de extrapolar sentimentos de ratos aos sentimentos humanos. Mas como em todas as experiências que visam entender a natureza humana, tão complexa, tenta-se aqui mais explorar do que propriamente determinar uma resposta definitiva. Enquanto exploração, os resultados dessa experiência são animadores e nos levam a novas e interessantes perguntas sobre nós mesmos, e sobre como vivenciamos o fracasso.

8

INVEJA

Um sentimento comum entre os fracassados, e aliás em quase todos nós, é a inveja. Esse sentimento é ao mesmo tempo uma possível causa do fracasso e um resultado dele. Como causa, a inveja faz o fracassado sentir-se inferior à pessoa invejada, e dessa forma aumenta seu sentimento de derrota. E é consequência quando, uma vez sentindo-se derrotado, passa a invejar ainda mais os que não o são.

Até certo ponto, a inveja pode ser produtiva. Por mais que tenhamos sido ensinados a "olhar para o próprio prato", a comparação com o prato alheio nos dá uma referência do que ainda poderemos atingir. A dificuldade está em separarmos de um lado o que seria uma apropriada comparação e admiração pelo que os outros são ou possuem, e do outro um sentimento negativo de querer causar mal ao seu possuidor. Geralmente somos tentados por essa segunda alternativa, talvez para ocultar nossa incapacidade de atingir as metas que o outro alcançou.

Objetos (ou atributos) a serem invejados não faltam. Podem-se invejar desde a inteligência de nosso amigo como a beleza de nossa irmã, um colega que foi promovido ou aquele que tenha sido poupado de uma demissão que nos atingiu, podemos invejar os altos, os magros, os ricos ou os poderosos, os que vivem em países mais avançados ou em climas mais amenos, os que viveram na Viena de Mozart ou os que viverão num futuro tornado tão melhor por inimagináveis invenções e avanços tecnológicos.* Rapidamente passa a inveja a ser destrutiva, o que leva a doloroso e sobretudo inútil sofrimento.

A INVEJA MATOU ABEL

Da Bíblia aos filósofos contemporâneos, na literatura e em lendas, a inveja tem sido citada, ilustrada, analisada e sobretudo condenada, o que mostra o quanto é persistente e universal. Assim, segundo o livro do Êxodo, já há três mil anos os Dez Mandamentos prescreviam: "Não cobiçarás a casa do teu próximo, não cobiçarás a mulher do teu próximo, nem o escravo, nem a sua escrava, nem o seu boi, nem o seu jumento, nem coisa alguma do teu próximo."

Podemos ver que o que se condena no mandamento é a cobiça, e não o rancor sentido pelo dono do jumento. Mas, corretamente, se identifica na cobiça o primeiro passo para a inveja e o rancor a ela associado.

A cobiça se manifesta em nós já em crianças, quando olhamos ao redor e identificamos objetos que gostaríamos de possuir, tenham eles dono ou não, numa espécie de gula tentando abocanhar o mundo inteiro. Aos poucos, vamos aprendendo que

---

*A inveja pode também ser pelos que sofrem menos. O neurologista e psicanalista austríaco Viktor Frankl, que sobreviveu aos campos de concentração da Segunda Guerra Mundial, narra que naquelas condições muitas vezes a inveja que sentia era por aqueles que apanhavam menos.

alguns objetos pertencem a outros, e isso obviamente limita nosso poder. Neste ponto as crianças passam a invejar os donos desses objetos, desejando-lhes um mal que na mente infantil pode significar mesmo o desejo de que o outro desapareça, ao menos no que diz respeito à posse do objeto. Quando crescemos e nos tornamos adultos, podemos muitas vezes perceber resquícios desse sentimento, mesmo que disfarçados de legítima ambição.

O texto bíblico não esclarece por que a inveja é condenável (como tampouco justifica os outros preceitos). Podemos, no entanto, inferir ao menos dois motivos pelos quais já há mais de três mil anos a inveja era reconhecida como um mal a ser evitado.

Em primeiro lugar, o invejoso causa dor a si mesmo, pelos fortes e negativos sentimentos que isso lhe traz. A inveja, como tantas outras emoções, sequestra nossa mente e muitas vezes a razão, nos rouba precioso tempo que poderia ser mais bem empregado e sobretudo nos faz sentir infelizes. Em segundo, igualmente importante do ponto de vista de mandamentos que visavam o bem de todo um povo, a inveja muitas vezes acaba por causar sofrimento também àqueles que são invejados, e que por isso são atacados de formas menos ou mais diretas.

Ambos os riscos são perniciosos, a ponto de merecer detalhamento quase repetitivo e destaque entre os mandamentos. O comando não se limita a proibir que cobicemos qualquer coisa, mas explicita que não devemos cobiçar coisa alguma de *nosso próximo*. Sob o risco de atribuir demasiado sentido a cada palavra do texto, chamamos atenção para o fato de que se usa aqui o possessivo e explicita-se ainda quem é o possuidor (*o próximo*).

O possessivo implica tratar-se de uma cobiça de algo que tem dono, pois é apenas essa que levará à inveja. Quanto ao possuidor, o texto se refere ao próximo, e não a um outro qualquer. Isso também é importante, pois como veremos é dos que nos são próximos ou semelhantes que sentimos inveja.

Em vários outros pontos da narrativa bíblica reencontramos a inveja. Caim sentiu tanta dor por haver Deus preterido sua oferenda em prol daquela do irmão que o matou. De forma semelhante, os irmãos de José sentiram que o pai favorecia o irmão e por isso o venderam como escravo. Raquel sente inveja das irmãs e Saul, por inveja dos sucessos militares de seu genro, David, tenta matá-lo. Provérbios e salmos abundam em conselhos contra a inveja, que é um dos vícios capitais. Quatro séculos antes da Era Cristã vemos Aristóteles tratando da inveja em seu livro *Retóricas*. Sua definição é tão precisa e contemporânea que merece ser reproduzida na íntegra:[20]

A inveja é dor à vista de a sorte [do outro] ter coisas boas. Sentimos inveja de nossos iguais, não porque queremos a mesma coisa para nós, mas porque os outros a têm. Sentimos inveja também se nos falta um pequeno nada para termos tudo, e é por isso que mesmo pessoas prósperas e com poder a sentem — esses acham que todos estão tomando o que lhes pertence. [...]

Os homens mais ambiciosos são mais invejosos do que aqueles que não o são. Da mesma forma aqueles que são sábios, pois têm a ambição de serem vistos como tais. De fato, geralmente, aqueles que almejam uma reputação por qualquer coisa são invejosos em relação a esse ponto. E os homens de visão curta são invejosos, porque tudo parece grande para eles. [...]

Os atos ou posses que geram reputação, honra e fama, e as várias formas de sorte são quase todos sujeitos à inveja; especialmente se desejamos essa coisa para nós mesmos, ou achamos que a merecemos, ou se, em a tendo, nos pomos um pouco acima dos outros, ou, não a tendo, um pouco abaixo deles. É claro também que tipo de pessoas invejamos: aqueles que estão perto de nós no tempo, espaço, idade ou reputação.

O texto de Aristóteles assinala um outro aspecto da inveja, o qual explica o sentimento do fracasso. Esse sentimento surge quando nos comparamos, e competimos, com aquele que nós mesmos poderíamos ter sido. Assim, geralmente não invejamos quem julgamos estar muito acima de nós, ou se o fazemos é porque de certa forma acreditamos que seria possível, talvez com um pouco de sorte, ter o que possui. Não sentimos inveja da rainha da Inglaterra por ter tão belas joias. É da colega que trabalha ao nosso lado que invejamos o bonito colar.

Não só bens materiais suscitam a inveja, mas principalmente posições e outras manifestações aparentes de prestígio. E, mais uma vez, será com aqueles que se assemelham a nós que a comparação se torna mais nítida, evidenciando nossa falha em não termos sido capazes de obter o que possuem.

Por exemplo, será muito mais doloroso nos compararmos a um colega de profissão que ganhe o dobro do que ganhamos do que com um milionário com seus iates e ilhas particulares. Claro, o leitor pode se encaixar exatamente nesta última categoria, mas não faltarão milionários que possuam iates ainda mais luxuosos e ilhas ainda mais paradisíacas, e a tentação será a mesma. Esse é o "pequeno nada para termos tudo" a que se refere Aristóteles, um tudo que começa com o salário dobrado, evolui para iates e ilhas cada vez mais luxuosos, e que evidentemente jamais poderá ser saciado.

* * *

Muitas pessoas têm a tendência de atribuir o sucesso de quem invejam a comportamento antiético e outros motivos não ligados a mérito. Visto que em todo sucesso há certa dose destes componentes, a confusão quanto à fonte do sucesso do outro lhes parece convincente, e solidificam assim cada vez mais a convicção de terem sido vítimas de injusta avaliação, tanto de suas qualidades quanto nos indevidos méritos do invejado.

Tão nocivo é o efeito da inveja, semeando rancor e ressentimentos, que muitas empresas, principalmente na área financeira, exigem que seja mantido em segredo o valor dos salários e bônus pagos aos funcionários. Em algumas delas, revelar o valor do bônus para qualquer pessoa (inclusive fora da firma) é motivo de demissão sumária. Naturalmente, isso não resolve o bem-estar dos funcionários, pois a inveja pode se estender então ao status ou a outras regalias mais visíveis.

Curiosamente, é fácil ver claramente a injustiça e o favoritismo em relação ao outro, mas raramente os enxergamos quando se aplicam a nós. O favorecido nos parece sempre ser o outro, e a sorte parece sempre atingir terceiros. Nas raras ocasiões em que percebemos, quase com surpresa, termos sido nós os beneficiados pela imparcialidade ou pela sorte, isso nos parece não ser mais do que um merecido acerto de antigas contas, compensação devida ao enorme débito que o mundo tem conosco, por haver tão frequentemente se esquecido de nós.

Há um outro elemento contribuindo para reforçar e realimentar o rancor do fracassado em ter sido vítima de injustiça. Muitas vezes, ele compartilha essa sua percepção de ter sido injustiçado com pessoas que lhe são próximas, e delas ouve frases solidárias que apenas confirmam sua visão de uma justiça ferida. Essas frases costumam ser mais manifestações superficiais de simpatia do que uma real aquiescência. Mas o fracassado, cego por sua ansiedade de ver, as adota como validando suas próprias explicações.

Mais ainda: nos casos em que o ouvinte tenta manifestar opinião diferente, assinalando que talvez o invejado tenha de fato merecido o que possui (ou melhor, o que não possui), o fracassado estende seu rancor àquele que emite essa opinião. Julga-se, neste caso, além de injustiçado pela vida, incompreendido pelo interlocutor. Dessa forma, seu rancor passa a abranger um círculo cada vez maior, incluindo o invejado, os amigos que não o compreendem, e toda a ordem social por permitir tantas injustiças. Esse é um dos motivos pelos quais o invejoso é, geralmente, amargo.

RANCOR E RESSENTIMENTO

Há um belo conto de Tolstói, "De quanta terra precisa um homem", que ilustra essa busca incessante por objetivos e suas consequências. Um certo Pahóm, vivendo na Rússia czarista, vai a uma aldeia de camponeses onde a fértil terra é vendida por um valor fixo de 1.000 rublos, independentemente da área. A única condição imposta é a de que o comprador marque o terreno desejado percorrendo seus limites a pé em apenas um dia, e volte ao ponto de partida antes do pôr do sol.

Entusiasmado pela barganha, Pahóm fecha o negócio e parte para a aldeia nas primeiras horas do dia seguinte. À medida que caminha, vê terrenos cada vez mais atraentes, e apressa o passo tentando incluí-los na área a ser adquirida. O final do conto quase pode ser antecipado: a noite se aproxima, Pahóm corre cada vez mais rápido tentando retornar à aldeia a tempo, mas o esforço fora demasiado, e ele cai morto por exaustão no momento em que finalmente a alcança.

Essa pequena história ilustra a ganância, mãe da inveja, e bem descreve o tormento do invejoso: apenas obtém o que o invejado possui, e logo identifica outras pessoas que possuem novos objetos de desejo. É o sentimento que se manifesta, por exemplo, em crianças, que invejam seus irmãos por objetos muito parecidos aos que já possuem.

O fracassado, porém, acrescenta um outro elemento que irá amplificar seu sofrimento: uma vez atingido o novo objetivo, passa a enxergar apenas como um companheiro de infortúnio aquele que até então invejava. Infortúnio, porque tendo alcançado o objetivo se encontram ambos na mesma situação, e ambos aquém dos tantos outros que estão à frente.

Mais do que isso, o fracassado passa a ver o objetivo que finalmente atingiu como algo agora indesejável, enxergando nele todos os defeitos que até então a excessiva emoção da inveja ofuscava. Nesse momento ele passa mesmo a repelir o novo status, que tanto almejara. Essa situação é semelhante à descrita jocosamente por Groucho Marx e imortalizada por Woody Allen na abertura do filme *Noivo neurótico, noiva nervosa*, quando dizia não desejar pertencer a um clube que o aceitasse como membro.

Da mesma forma, o fracassado que inveja alguém por morar num bairro elegante pode após certo esforço conseguir se mudar para uma casa neste bairro. Mas, seguindo a lógica (que de lógica pouco tem), passará a se enxergar não como um felizardo que alcançou sua meta, e sim como alguém que compartilha com o agora vizinho o infortúnio de morar em um bairro com todas as limitações que em breve descobrirá.

Para o fracassado, os objetos de seu desejo geralmente são exatamente aqueles que o definem como fracassado e, portanto, são ainda mais desejados. Atingi-los seria não apenas ter o prazer da posse como livrar-se do sentimento de derrota. Devido à extrema importância dada a esta meta, todos os malefícios da inveja se amplificam no caso do fracassado.

O mitológico rei Midas, narra a lenda, teve atendido seu desejo de que tudo o que tocasse virasse ouro. Naturalmente, em pouco tempo Midas descobriu seu erro, pois já não podia tocar ou comer nenhuma de suas deliciosas refeições. Nosso fracassado parece ter o dom oposto: tudo em que toca se torna abjeto. Se Midas acabou morrendo de fome, o fracassado, ainda que permaneça vivo, cumpre a sina de ter que renovar incessantemente seus alvos.

Podemos identificar três etapas na frustração do fracassado devido à inveja. Numa primeira fase, ele percebe certos objetos como sendo tão distantes de sua realidade que sequer sente inveja daqueles que os possuem. À medida que vai atingindo objetivos intermediários, que o satisfazem por curto período, o alvo que inicialmente lhe parecera inatingível se torna mais próximo e acessível. Neste ponto o invejoso passa a se sentir equiparável àqueles que possuem o objeto, e esse alvo se torna assim uma nova fonte de desejo e inveja. Finalmente, na terceira e frustrante fase, o objetivo apenas atingido perde seu atrativo e se transforma em fonte de insatisfação, porque evidencia todos os inúmeros outros que lhe estão acima.

Esse processo leva quase necessariamente ao rancor e ao ressentimento. Isso porque, como mencionado acima, invejamos os que nos são semelhantes, aqueles que acreditamos que poderíamos (ou mesmo deveríamos) ser. E, sendo semelhantes, acreditamos ter sido apenas por nossa própria incapacidade que não atingimos a posição do outro. Sendo assim, o outro torna patente nossa falha e se transforma em um testemunho vivo de nossa incompetência — ao menos a nossos olhos.

A CRENÇA NO MUNDO JUSTO

Além do rancor, a derrota traz consigo o ressentimento, muitas vezes sem alvo certo, ou com alvos em demasia: ressentimento pelos que contribuíram com sua derrota, com os que não o ajudaram quando necessitava ou os que o atrapalharam de mil maneiras. Ressentimento por terem sido injustiçados pelo destino, como que singularmente escolhidos por uma loteria reversa e "premiados" com derrotas. Parece-nos *injusto*, essa é a palavra, que sejamos vítimas do destino, e não nos tenha sido dada a cota de felicidade devida.

Esse sentimento, por vezes expresso verbalmente, provém entre outros fatores de uma crença que muitas vezes temos em uma Justiça Universal, que nos faz ficar decepcionados cada vez que a vida nos lembra que de justa não tem nada. O que não é difícil de comprovar: que justiça haveria em alguém nascer numa família rica da Suíça e outro numa aldeia pobre no Congo, em um ser aleijado e o outro atlético, em alguém contrair um vírus e o outro escapar?

Por mais evidentes que sejam essas considerações quando tratadas racionalmente, elas são subjugadas pela emoção e pela enorme necessidade que temos em acreditar que existe uma justiça quase divina. Isso é expresso, por exemplo, em vários ditos populares, como "Cada qual tem o que merece" ou "Um dia é da caça, outro do caçador", e também em conceitos filosóficos como o carma, no budismo.

É razoável que essa crença nos atraia. Por um lado, corresponde às tantas lendas que ouvimos em criança, em que o bem é pago com o bem, e os maus são punidos ao final. Essas lendas são transformadas em ensinamentos quando crescemos, sob forma de moral, religião ou simples boa convivência, e assim se tornam parte de nossa espinha dorsal ética. Por outro lado, acreditar que esses comportamentos trarão recompensas nos estimula diante dos desafios diários e nos motiva a alcançarmos as metas.

Tudo isso é bem razoável, e mesmo produtivo. O problema surge quando passamos a acreditar na ideia recíproca, ou seja: que se alguém — às vezes nós mesmos — não foi recompensado, é porque de fato não deveria ter sido, seja porque não se esforçou, não merece ou por outro motivo. Em casos extremos, esse equívoco pode levar pessoas a aceitarem passivamente uma relação abusiva ou condições degradantes no emprego porque acreditam que isso corresponde exatamente ao que lhes cabe. Mais ainda, acreditando que merecem as circunstâncias em que se encontram, podem mesmo agir no sentido de *mantê-las*, pois mais difícil ainda seria aceitar que não haja a justiça na qual acreditaram toda a vida.

Nesta visão radical, tudo que existe faz sentido e é justo. É ao que o matemático e filósofo alemão do século XVIII Gottfried Leibniz se referia quando escreveu que "Vivemos no melhor dos mundos possíveis".[21] Leibniz usou esse argumento para justificar a coexistência do mal com um Deus todo-poderoso, e não foram poucos os críticos à época a apontarem contradições tanto práticas quanto teóricas nesta filosofia. De fato, é difícil aceitar que nosso mundo seja o melhor que possa existir quando vemos as tantas injustiças à nossa volta.

Voltaire, o famoso filósofo francês quase contemporâneo de Leibniz, criou um personagem cômico que levou o argumento ao ridículo.* Em uma celebrada passagem, esse personagem explica:

Como todas coisas foram criadas para um fim elas devem necessariamente ser criadas para o melhor dos fins. Observe, por exemplo, que o nariz é formado para os óculos, portanto usamos óculos. As pernas são claramente desenhadas para meias, e portanto usa-

---

*Voltaire, na verdade, era o pseudônimo de François-Marie Arouet. Aparentemente, Francois-Marie gostava de se ocultar por trás de outros nomes, e foi simplesmente como Doutor Ralph que assinou seu famoso livro *Cândido, ou o Otimista*, de onde o texto reproduzido aqui foi retirado.

mos meias. As pedras são feitas para serem talhadas e para construir castelos, portanto meu lorde tem um magnífico castelo [...]. A finalidade dos leitões é serem comidos, portanto nós comemos porco o ano inteiro. E aqueles que dizem que tudo que existe é correto não se expressam bem, deveriam dizer que tudo é o melhor.[22]

Apesar de todas as críticas e evidentes contradições, a formulação de Leibniz parece ter tocado alguma necessidade fundamental em nós, uma necessidade de sermos protegidos, talvez, semelhante à da criança que é recompensada ou punida por pais sempre justos. Quando nos deparamos com situações que contradizem essa crença, acreditamos reciprocamente sermos vítimas de uma injustiça e sentimos grande ressentimento por termos sido singularmente atingidos por ela. Dentre todos nós, o fracassado, pela própria condição em que se encontra, será particularmente mais sensível a isso.

A crença na existência de uma Justiça Universal se manifesta de formas sutis e variadas, e diversas experiências foram realizadas para estudá-la. Os resultados são inesperados, até notarmos que alguns desses comportamentos podem ser observados em nós mesmos, em determinadas circunstâncias.

Na mais conhecida, realizada há mais de meio século por M. J. Lerner e outros,[23] os participantes foram colocados diante de uma mulher que supostamente estaria participando de um treinamento. O método pedagógico, digamos assim, era simples: cada vez que a mulher cometia um erro, recebia um forte choque elétrico que lhe provocava evidente dor e sofrimento. Naturalmente, e sem conhecimento dos participantes, os choques eram falsos e a mulher apenas simulava a dor.

Um grupo de participantes era informado de que não teria poder algum para alterar o curso da experiência nem o método utilizado. Deveriam simplesmente assistir passivamente ao que se passava, e responder um questionário ao final. O que se observou foi que esses participantes passavam a expressar desprezo pela mulher e a se referir a ela pejorativamente. Os participantes frequentemente criavam histórias que indicavam que na realidade a "vítima" não era tão inocente como parecia, e portanto a punição não era tão injusta. A um outro grupo era oferecida aos participantes a oportunidade de opinar sobre o prosseguimento ou não da experiência e sobre o método utilizado. Os participantes deste grupo sistematicamente manifestavam-se a favor da mudança, e a partir daí deixavam de expressar o desprezo.*

Esse comportamento nos faz lembrar de situações semelhantes, em que vítimas de estupro são responsabilizadas, ou como tendo um passado que as denegrisse e as tornasse merecedoras do que ocorreu. Da mesma forma, tendemos a nos referir a pessoas com salários mais baixos de forma menos enaltecedora que as que recebem salários mais altos etc. Dependendo da orientação política de cada um, essa crença num Mundo Justo pode levar a afirmativas como "São pobres porque não se esforçaram o bastante" ou similares. A própria orientação política pode inclusive refletir nossa crença nesta Justiça Universal, e diversas

---

* Lerner foi motivado a realizar essa pesquisa quando observou que ele próprio e outros médicos do hospital onde trabalhava insultavam e criavam histórias pejorativas sobre pacientes com doenças mentais a quem tratavam. O que, aliás, ilustra que poucos são imunes a esse sentimento; apenas alguns o identificam mais facilmente.

pesquisas mostraram a relação dessa crença com fatores como religiosidade, conservadorismo e admiração por regimes autoritários.

Essa atitude em relação a vítimas e aos menos favorecidos não se deve ao fato de que sejamos más pessoas (embora isso também seja possível) ou indiferentes ao sofrimento alheio, mas sim à constatação de que é muito mais fácil viver (ou melhor, acreditar viver) num mundo em que o esforço é recompensado e os deméritos punidos. Entre outras coisas, isso nos estimulará a enfrentar os desafios cientes de que "alguém" zela por nós. É difícil viver num mundo de caos com tantas contradições entre o que se *merece* e o que se *obtém*.

Essa questão parece ter afligido também o autor (ou autores) do Livro de Jó, escrito há mais de dois mil anos e que segue sendo atual mesmo nos tempos de hoje. Jó era um homem bom e honesto a quem subitamente Deus tirara todos os bens, os filhos e mesmo a saúde. Na história, seus amigos tentam consolá-lo com sua nova situação de destituído dizendo-lhe que, visto se encontrar naquela situação terrível, era porque de alguma forma havia feito algo que desagradara a Deus (uma atitude não muito diferente da dos participantes da experiência de Lerner, e certamente não as frases que Jó mais precisava ouvir naquela circunstância). Apesar de se achar inocente e vítima de uma injustiça, Jó não reclama do destino, e a história termina bem com Deus devolvendo-lhe tudo o que perdera.

A questão discutida no Livro de Jó é exatamente a que confronta o fracassado nos dias de hoje. Mas nosso fracassado, não tendo a paciência e resignação de Jó, muitas vezes sente ressentimento pela violação do Mundo Justo que acredita existir. Esse ressentimento manifesta-se então de forma exatamente oposta à de Jó, com o fracassado amaldiçoando o mundo e os outros por sua situação.

Se essa atitude de revolta pode lhe trazer amargura, talvez mais danosa ainda seja a do fracassado que *concorda* com os argumentos dos amigos de Jó e acredita ter feito por onde para merecer o triste destino que lhe coube. Ao acreditar que as derrotas da vida, mesmo as causadas por elementos fortuitos, são "merecidas", passa a ter comportamentos que façam jus ao castigo, gerando assim ainda mais oportunidades para futuras derrotas.

SCHADENFREUDE

Entre todos os atingidos pelo rancor do invejoso, o alvo mais comum do ressentimento é naturalmente a pessoa invejada, pois essa personifica tudo o que gostaríamos de ter mas não temos. Esse ressentimento leva muitas vezes a um desejo de que o outro igualmente sofra. Há uma palavra em alemão para esse regozijo pelo sofrimento do outro: *Schadenfreude*, que literalmente significaria alegria pelo dano.* É um sentimento diferente da simples vingança. Nesta, quer-se retribuir o mal causado pelo outro. Aqui a causa da satisfação é ver a justiça ser restabelecida, mesmo que através de uma distribuição equânime do sofrimento.

De certa forma, o *Schadenfreude* é o sentimento simétrico à inveja: enquanto na inveja sofremos pelo prazer do outro, aqui

---

* Visto se tratar de um sentimento quase universal, é curioso que poucos idiomas tenham palavras equivalentes.

o prazer é nosso e o sofrimento do outro. É esse prazer que leva, por exemplo, à popularidade de tabloides que narram divórcios e doenças de artistas famosos. A desgraça dos protagonistas os coloca em um nível mais próximo ao nosso, e em muitos aspectos inferior. "Posso não ser esse artista, mas ao menos não tenho essa doença terrível", parecemos dizer, mesmo que isso muitas vezes não seja claro sequer para nós mesmos. E esse prazer não se limita a estranhos. Ao contrário, frequentemente sentimos o mesmo em relação a amigos e familiares a quem queremos bem.

Como explicar que tenhamos o que parece ser prazer no sofrimento de quem amamos, apenas por desejarmos o que esses têm? Afinal, na maioria das vezes, mesmo a morte do outro não nos traria o objeto ou atributo desejado. Essa contradição fica um pouco mais clara quando notamos que o invejoso não deseja *causar* ativamente esse sofrimento no outro, mas sim presenciá-lo como manifestação de certa Justiça Universal. Assim, o prazer provém não propriamente do sofrimento do ente querido, mas sim do alívio de nos vermos equiparados aos próximos na quota de injustiças distribuídas pela vida. "Bem, coisas ruins não acontecem apenas comigo", "Pelo menos nisto estou melhor" e frases semelhantes nos vêm à cabeça, mesmo que muitas vezes reprimidas e não reconhecidas.

É por isso que geralmente há um limite no sofrimento do ente querido além do qual nosso conforto inicial é substituído por genuíno pesar. O sofrimento que desejamos ver infligido a quem amamos e/ou invejamos seria apenas na dose suficiente para trazê-lo ao que percebemos ser nosso próprio nível de infelicidade, e não mais.

Por vezes aquele que inveja o ente querido se dá conta, quase horrorizado, de seu *Schadenfreude,* e quando isso ocorre sente remorso. O remorso lhe impõe uma nova dor, que se soma assim às tantas outras causadas pela inveja: a dor de perceber não possuir o que o outro tem, a dor de não conseguir obter esse objeto ou atributo para si, a dor de perceber-se inferior àquele que o possui, a de não ver realizada a infelicidade do invejado e, finalmente, a culpa ao perceber seus próprios sentimentos.

* * *

Esse prazer que o invejoso sente na diminuição de quem inveja, e até onde isso o pode levar, foi estudado em vários experimentos realizados na década de 1990. Num desses,[24] pediu-se aos participantes que escolhessem entre as duas seguintes situações:

Situação A: o participante tem um salário de 10 mil dólares por mês, e seus colegas um salário de 12 mil dólares.
Situação B: o participante tem um salário de 8 mil dólares por mês, e seus colegas um salário de 6 mil dólares.

Do ponto de vista puramente econômico, a primeira opção é obviamente mais vantajosa, porém mais da metade dos participantes preferiram a segunda. Essa proporção era ainda maior quando, em vez de dinheiro, o bem em questão era um meio de obter ascendência (como beleza e inteligência).

Esses resultados ilustram a importância que atribuímos à nossa posição em relação aos outros, a qual pode a ser mais importante mesmo do que nosso bem-estar absoluto. Curiosamente, quando indagados se preferiam uma situação imaginária em que todos, inclusive eles, sofressem mais, porém mantendo seu sofrimento menor do que o dos outros, esses mesmos participantes não achavam a opção atraente. Assim, entre ter uma carga de trabalho excessiva enquanto seus pares tinham carga maior ainda, e terem uma carga reduzida igual para todos, a segunda opção era quase sempre a escolhida.

Esse resultado é consistente com a observação feita anteriormente de que tememos a perda mais do que desejamos o ganho. Quando ameaçados de perder o que temos (no caso acima, uma carga de trabalho adequada), o receio é tão grande que superamos a tentação do *Schadenfreude* e o bom senso prevalece.

Num estudo semelhante,[25] testou-se se uma variante ainda mais radical dessa pergunta. Nesta versão os participantes tinham a opção de pagar para ver diminuído o quinhão dos outros. Na pesquisa, inicialmente foram distribuídos diferentes valores em dinheiro para cada um dos participantes, seguindo um critério claramente injusto, e isso era revelado a todos no início da experiência.

A seguir, os participantes apostavam esse dinheiro recebido no resultado de um sorteio, sendo que cada um tinha a opção de reduzir o valor que outros participantes tinham acumulado até então, bastando para isso pagar. Dada essa opção, os participantes chegavam a gastar até metade do dinheiro adquirido para reduzir a injustiça percebida na distribuição inicial.

Essas experiências têm certa analogia com o sentimento expresso por habitantes da antiga União Soviética após a modificação do sistema econômico. Diante do surgimento da riqueza ostensiva, muitos preferiam o regime antigo, em que a pobreza era democratizada. A mesma tendência pode ser observada em tempos atuais, quando políticos defendem uma justiça social baseada em equiparação sem a preocupação de elevar o ganho de todos.

CIÚMES

A inveja é parecida com um outro sentimento igualmente antigo e difundido na humanidade: o ciúme. Os termos inveja e ciúme têm sido definidos e utilizados em diferentes sentidos ao longo dos séculos inclusive em nossos tempos.[26] A razão da confusão é que há certa intersecção entre eles: ambos indicam uma situação de insatisfação por não termos, ou estarmos na iminência de perder, o que desejamos. Além disso, em ambos os casos há outra pessoa que possui algo ou alguém que desejamos e de quem, por isso, temos rancor. E tanto no ciúme como na inveja nossa autoestima cai por nos compararmos a esse outro.

Para o fracassado, os efeitos do ciúme e da inveja são semelhantes: em ambos os casos surge o rancor por aquele que está contribuindo com a perda (real ou imaginada). Há algumas diferenças, porém. Uma delas é que o rancor provocado pela inveja é visto pela sociedade, e pelo próprio fracassado, como sentimento recriminável. E essa recriminação acaba sendo mais uma fonte de sofrimento para o fracassado. No caso do ciúme, no entanto, há uma aparente justificativa, pois o ganho de um é a perda do outro: sinto ciúmes porque alguém tirou o que era ou deveria ser meu.

Além disso, como o ciúme se refere a seres queridos, há um novo sentimento envolvido: o amor, provavelmente um dos mais fortes no ser humano. Isso faz com que todos os sentimentos presentes na inveja, como baixa autoestima e impotência, sejam exacerbados nesta combinação explosiva. Dessa forma, a frustração se amplifica em depressão, a impotência em paralisia e o rancor em ódio.

Em poucas narrativas essa força arrebatadora do ciúme é ilustrada de forma tão dramática quanto na mitologia grega. Lendo as intrigas do Olimpo, vemos que esse sentimento era bastante comum entre os deuses (e, principalmente, entre as deusas).

A campeã dessas foi provavelmente Hera, irmã e mulher do todo-poderoso Zeus, que por inveja transformou sua rival nos amores em um urso selvagem, raptou a deusa do parto para impedir o nascimento de uma criança, atraiu uma outra com brinquedos para que fosse comida viva por Titãs, sequestrou uma concorrente e assassinou os filhos de uma pretendente aos amores de Zeus (e num toque de criativa maldade fez com que a mãe ficasse com seus olhos perpetuamente abertos, para que a imagem das crianças a perseguisse vida afora).

Também na Bíblia, em outra época histórica, o ciúme pode ser encontrado. Sob certo ângulo, o próprio monoteísmo, tão enfaticamente repetido no texto bíblico, pode ser visto como ciúme de Deus por potenciais concorrentes. Desse ponto de vista, Deus recearia perder seu lugar privilegiado de Criador único no coração dos homens.[27]

Para o fracassado, o ciúme, semelhante ao que vimos quanto à inveja, é ao mesmo tempo causa e consequência. Por um lado, o fracassado geralmente se sente inseguro emocionalmente, desconfiado de suas próprias habilidades por ter sofrido ou percebido uma derrota. Estando inseguro, receará não ser capaz de conservar a pessoa amada, e as menores percepções neste sentido, reais ou não, instigarão o ciúme. Por outro lado, o sentimento de ciúme é vivenciado como uma quase perda da pessoa amada, e, portanto, só faz aumentar seu sentimento de fracasso.

RETIRE O BODE DA SALA

Sendo a inveja tão claramente nociva e causa de tanto sofrimento, uma pergunta natural é: haveria algum lado positivo que justifique ser ela tão difundida? Algumas experiências foram realizadas nesse sentido,[28] para investigar se a inveja poderia ter um componente que indicasse ser resultante da evolução da espécie, o que explicaria de certa forma sua universalidade. Outra hipótese que poderíamos levantar para encontrar um lado "atraente" na inveja é o fugaz prazer que sentimos quando imaginamos que alcançamos o alvo invejado. Esse mecanismo é similar ao que sugerimos quando discutimos o arrependimento, no Capítulo 7. Em ambos os casos o fracassado estaria buscando uma dose instantânea de prazer, ainda que isso requeira também sentir dor. No caso do ciúme, esse mecanismo pode ser visto através de três etapas, que ora se alternam ou se sobrepõem.

Numa primeira fase, o invejoso concentra obsessivamente suas energias nos atrativos do objeto desejado, contrasta esses com sua própria situação, e sente-se em desvantagem na comparação, o que lhe causa sofrimento. Numa segunda etapa, fantasia a si mesmo como já possuindo esse objeto, e reproduz internamente a felicidade que teria se o possuísse. Finalmente, passada essa fase normalmente curta de satisfação, volta a sentir-se infeliz, quando infalivelmente retorna à realidade e se lembra de que não possui o objeto.

No curto intervalo entre os dois sofrimentos o prazer que sente é enorme, tanto pela imaginada felicidade de possuir o alvo da inveja quanto pela provisória eliminação da dor de não tê-lo. Assim, paradoxalmente, a inveja cria uma dor apenas para ter o prazer de eliminá-la, e esse prazer é tão intenso que compensa o enorme preço a ser pago. Esse processo é similar à conhecida anedota na qual um homem, às voltas com os inúmeros problemas de uma família numerosa vivendo numa casa pequena, consulta um rabino, que o aconselha a colocar um bode dentro da sala. Alguns dias mais tarde o pobre homem volta ao rabino e lhe informa, desesperado, que a situação só piorou. Ele então lhe diz para retirar o bode da sala, o que o homem faz, e de imediato se sente enormemente feliz com a nova situação.

Ainda mais antigo do que essa anedota, o conceito do prazer como cessação da dor pode ser encontrado em Platão, 400 anos antes da Era Cristã, quando dizia: "A maioria e as maiores das coisas que chamamos prazer são formas de alívio da dor."[29]

Alguns estudos recentes parecem indicar que esse mecanismo de gerar dor para proporcionar o prazer de eliminá-la pode ser comprovado experimentalmente em homens e animais, revelando uma componente biológica. Num deles,[30] foram utilizadas moscas, que eram "treinadas" a associar odores peculiares a choques elétricos aplicados imediatamente antes ou depois de sentirem o cheiro. Um primeiro grupo era exposto ao aroma e logo a seguir submetido a choque, enquanto um segundo grupo era exposto apenas quando o choque terminava. Dessa forma, as moscas do primeiro grupo eram treinadas para associar o aroma ao início do choque, enquanto as do segundo grupo associavam o mesmo cheiro ao término da dor.

Uma vez treinadas, observou-se que quando as moscas do primeiro grupo eram posteriormente expostas ao odor esse as repelia, como seria esperado. Já as moscas do segundo grupo, curiosamente, passavam a ser *atraídas* pelo cheiro associado à experiência traumática. Ou seja: o mero término da dor era associado pelas moscas a um prazer, motivando-as a *perseguir* essa dor com o único fim de vê-la terminar.

Experiências semelhantes foram realizadas com outros animais e com seres humanos, e os resultados apontam na mesma direção de cessação da dor como fonte de prazer.[31] O mesmo processo poderia estar por trás da motivação de pacientes que praticam o que é conhecido na literatura médica como "automutilação não suicida", que voluntariamente se cortam ou se machucam de diversas formas. Também aqui a motivação poderia ser a de ver terminada a dor uma vez cessada a automutilação.

Estranhos caminhos da mente, tão bem descritos por Sócrates quando, preso e em seu último dia de vida, comenta após esfregar suas pernas doloridas pelos grilhões que as prendiam:

"Que estranha essa coisa que os homens chamam prazer! E quão surpreendente sua relação com o que se acredita ser seu oposto, a dor!

Ambos nunca se encontram juntos num homem, mas quando procuramos um e o achamos, o outro será igualmente encontrado, como duas criaturas atreladas à mesma cabeça, uma seguindo a outra.

Isso é o que ocorre neste momento em minha perna. Os grilhões causavam dor, e agora segue-se o prazer."[32]

VAIDADE

Com o fracasso, vem o poderoso sentimento da vaidade ferida. Não apenas sofremos as consequências obviamente ruins ou mesmo desastrosas da derrota, como temos agora que lidar, ou ao menos assim acreditamos, com seus efeitos em nossa imagem perante os outros. Sob certa medida, essa preocupação tem razão de existir. Embora gostemos de acreditar que somos julgados apenas por nossas características intrínsecas, a realidade é um pouco diferente: na maior parte das vezes, é a *imagem* de sucesso ou fracasso que serve de referencial para nossas qualidades.

Uma das razões disso é que não é fácil determinar quais são nossas "qualidades intrínsecas", nem mesmo que tal coisa exista. Enquanto essas qualidades permanecerem "potenciais" e não se realizarem no mundo externo, serão de certa forma inacessíveis e não mensuráveis. Dizer que uma pessoa "no fundo" é simpática é incerto; mais vale observar que essa pessoa se comporta amavelmente com todos. Da mesma forma, um nadador é julgado pelo tempo que leva para atravessar a piscina, um jogador de xadrez pelo número de vitórias e uma pessoa de negócios pelos êxitos empresariais.

Poderíamos pensar que nossos amigos e pessoas mais próximas saberiam separar o que "somos" daquilo que atingimos, e para estes o fracasso seria apenas uma a mais das tantas observações que fizeram a nosso respeito ao longo do tempo, sem maior significado. Infelizmente, mesmo para os que nos são íntimos é difícil dar maior valor ao processo do que ao resultado. Embora acreditemos ser imunes a esse erro, o cometemos tanto em relação aos outros como em relação a nós mesmos, o que talvez seja ainda mais nocivo. As pessoas nos julgam pelo fracasso, como um valor definitivo, e nos avaliam a partir dele. Mais ainda, seus comportamentos são afetados de várias formas por essa constatação. Muitas vezes esse efeito no comportamento é sutil, e mal transparece na interação cotidiana. No entanto, está lá: na escolha das palavras, num imperceptível sorriso, no tom paternalista com que passam a nos tratar e em tantas outras formas.

Um pouco menos sutil é o efeito face ao sucesso. Neste caso não há a cautela de não ferir o outro; pelo contrário, a manifestação de nosso julgamento positivo não apenas é esperada como mesmo estimulada. Parabenizar o vitorioso é fácil, ser solidário com o derrotado nem tanto. Contudo, ambos os atos refletem o mesmo erro de se julgar apenas o resultado, e não a pessoa ou a trajetória que a levou até ele.

Esse julgamento que os outros fazem de nós está intrinsecamente ligado ao sentimento de vaidade. Queremos o aplauso e receamos apupos. E o prazer que o aplauso nos causa acaba por influenciar, e mesmo nortear, nossas atitudes. Fazemos algo não mais porque queremos, mas porque almejamos a aprovação e, quem sabe, mesmo a inveja dos outros. Neste ponto, tendo nos afastado de nossos valores para perseguir um atalho, as consequencias passam a ser desastrosas. Não por acaso, a vaidade era considerada entre os cristãos como o pior entre os Sete Pecados Capitais: o primeiro deles, o pecado de Lúcifer, que dá origem a todos os outros.

Poderíamos pensar que a vaidade tem o lado positivo de estimular nossos esforços. Assim, se desejo que os outros admirem minha novíssima Ferrari, irei trabalhar dobrado para ter como comprá-la. Não podemos nos esquecer, porém, que esse caminho promoverá uma autoexigência e cobrança internas que acabarão por gerar sofrimento. E o sofrimento virá porque nosso esforço está dirigido não a atingirmos um prazer interno — ainda que seja meramente o prazer de acelerar o motor poderoso da Ferrari —, mas sim a obtermos a admiração dos outros e saciarmos nossa vaidade. Ao final, a admiração alheia jamais será tão grande a ponto de compensar o esforço, principalmente quando sequer gostamos muito de Ferraris. Em vez de termos a vaidade atendida, sentiremos um grande vazio.

A vaidade cria também uma necessidade constante de se estabelecer uma comparação com outras pessoas. Essa comparação visa a garantia do sentimento de ser melhor do que o próximo, seja em que campo for. Uma manifestação da vaidade pode aparecer até sob o disfarce de uma excessiva modéstia (que procura esconder a vaidade): a vaidade de não ter vaidades. Esconde-se a competitividade de uma forma defensiva para não sofrer a vergonha de eventualmente perder na comparação.

9
AMOR

AMOR E FRACASSO

Poucos fracassos nos causam mais sofrimentos, e poucos são mais comuns, do que aqueles no terreno do amor. Àquele que fracassa nesta área parece que o universo desapareceu, restando apenas seu drama individual e um sofrimento sem fim. De certa forma sentimos que está em jogo não apenas a relação afetiva em questão, mas nosso próprio mérito. O fracasso amoroso é sentido como um julgamento de nossa capacidade, de nosso valor mesmo, e a rejeição é a prova mais definitiva de nosso baixo valor e da falta de compradores para nossa "mercadoria".

Abandono, solidão e rejeição se misturam, produzindo por vezes uma sensação de profundo desespero, que nos acompanha a cada minuto. Sentir-se abandonado por quem até então compartilhava nosso amor, ou por vezes por quem era apenas alvo de nossa esperança, representa uma profunda dor. Surge a impressão de não haver ninguém que possa compreender o que passamos, o que amplifica o sentimento de solidão. Nós nos sentimos rejeitados não apenas pelo objeto de nosso amor, mas por toda a humanidade, e de certa forma por nós mesmos. Todas as nossas qualidades negativas — ditas, insinuadas ou adivinhadas — nos parecem dolorosamente mais vivas e verdadeiras.

É diante dos fracassos afetivos que mais custa a desaparecer toda a esperança. Parece que sempre há um algo mais que possa ser tentado, um gesto, uma conversa mais, uma palavra ainda. Essa esperança que custa a desaparecer distingue o fracasso amoroso daquele em outras áreas. Exatamente por amarmos a pessoa querida, nos parece mais provável que sejamos nós, e não o outro, que possuímos os defeitos que levaram ao fracasso — e, portanto, sempre restaria algo que pudéssemos fazer para melhorar. Se o baixo julgamento de nosso valor foi justo, presumimos que com certo esforço poderíamos talvez mudar, e, se algo estiver equivocado, esclarecer.

AMOR CONJUGAL

Na literatura, na música ou no teatro, o amor é o sentimento mais citado, descrito, exaltado ou lamentado. E isso não é surpreendente, dada sua universalidade. Pouquíssimos são os seres que jamais experimentaram os prazeres da atração por outro. Por um lado, essa ubiquidade pode ser entendida simplesmente pela necessidade biológica de reprodução da espécie. Por outro, é em grande parte motivada, glorificada e amplificada pela nossa cultura. Crescemos rodeados de histórias de amor repetidas nas mais variadas formas, histórias tão diversas quanto as diferenças individuais, e ao mesmo tempo tão semelhantes — refletindo o simples desejo de alguém desejar estar próximo ao outro e compartilhar ternura com esse. Dos contos de fadas de nossas infâncias aos filmes de Hollywood, passando pela publicidade e pelas inúmeras histórias compartilhadas com conhecidos, somos constantemente bombardeados com esses lembretes de que "devemos" encontrar o objeto de nosso amor. E, principalmente, temos que ser felizes com eles.

Infelizmente, nem encontrar o parceiro nem ser feliz com ele são tarefas fáceis. Cada um de nós tem um filtro de atributos do que constituiria um candidato aceitável, e com a idade esse filtro só faz ficar mais seletivo. Selecionamos por beleza, por simpatia, por situação financeira, por nível cultural e por muitos critérios mais. Atribuímos valores elevados às pessoas que "conseguiram" encontrar os parceiros que passam pelos filtros mais seletivos, como se o próprio fato de terem conquistado um alvo tão desejado lhes conferisse uma capacidade superior. É um processo semelhante ao que fazemos quando julgamos mais capazes as pessoas que têm um salário mais alto: esse passa a ser a demonstração da capacidade de quem o obteve.

Além dos atributos da pessoa desejada, selecionamos também pelo que talvez seja o mais restrito de todos os filtros: há que existir uma atração, de preferência arrebatadora, ou aquilo que por vezes chamamos paixão ou "química". Buscamos em nossas vidas individuais o amor glorioso tão cantado em nossa cultura. Colocando tantos filtros e expectativas, é natural que nossa busca frequentemente fracasse. Os filtros nos impedem muitas vezes de nos adaptarmos a atributos imperfeitos do outro, e a expectativa de uma felicidade total e eterna transparece em nossas atitudes, afastando candidatos que não compartilhem essas mesmas ambições.

Além disto, nossos filtros somados à pressão interna criam uma expectativa que frequentemente conduz à decepção uma vez estabilizada a relação. Dificilmente os parceiros corresponderão ao que imaginamos ou esperamos que sejam, e cedo ou tarde essas diferenças vêm à tona. Esse é um dos principais fatores que levam ao fracasso da relação.

Podemos contrastar esse comportamento com o predominante em outras sociedades. Por exemplo, entre os indianos ainda é muito comum que os casamentos sejam arranjados pelos pais dos noivos. Isso torna o processo bem mais simples. O casal confia na sabedoria dos mais velhos para encontrar o parceiro e o que se espera de ambos é que façam por onde para o casamento dar certo. A expectativa de certa forma se inverte: em vez de esperar que o outro corresponda aos atributos desejados, o desejo é de que os cônjuges atuem para que o casamento dê certo. Curiosamente, a taxa de divórcio na Índia é bem menor do que em países ocidentais.

Se a tarefa de encontrar o parceiro é difícil, manter com esse uma relação harmoniosa estável tampouco é fácil. Em certo momento as dificuldades no relacionamento aumentam, os atritos evoluem para conflitos, os conflitos em brigas, até o momento em que a própria manutenção da relação é questionada. Esse questionamento pode ser saudável por permitir ao casal uma nova oportunidade; mas, por outro lado, pode estimular uma postura de "casamento descartável", no qual nos empenhamos cada vez menos. Isso pode ser visto em alguns exemplos públicos, como o da atriz Elizabeth Taylor, que se divorciou nada menos do que sete vezes.

A expectativa, num caso, é "até que a morte nos separe", enquanto no outro é "até que as dificuldades nos separem". A depender da expectativa existente no início do casamento, o divórcio pode ser visto ou não como um fracasso. Se nosso objetivo inicial era simplesmente uma união por alguns anos, com ou sem filhos, a separação pode ocorrer sem que seja sentida como fracassada: neste caso, corresponderá exatamente ao projeto inicial. Numa situação intermediária, a separação pode ser vista simplesmente como uma opção que se coloca à disposição dos cônjuges, a ser usada quando e se preciso. Essa dependência entre sentimento de fracasso e a expectativa que se tem do objetivo a ser alcançado é similar à que ocorre em várias outras situações. Podemos jogar uma partida de futebol simplesmente como uma distração prazerosa, e aproveitar cada minuto independentemente do resultado. Mas se a encaramos como uma etapa rumo à vitória no campeonato, uma eventual derrota será sentida como um doloroso fracasso. Se nosso projeto de casamento é viver uma "gloriosa paixão", há grande chance de falharmos e sentirmos isso como um grande fracasso.*

Há uma outra consequência de colocarmos expectativas excessivamente altas no casamento: a de criar uma pressão interna que pode afetar negativamente nosso desempenho. De modo geral, tendemos a operar de forma mais eficiente (e prazerosa) quando não há pressão, como por exemplo no terreno sexual. Ao mesmo tempo, uma expectativa demasiadamente ambiciosa está

---

* Até poucas décadas atrás, o divórcio não era permitido no Brasil, e o "desquite" era malvisto e interpretado como evidência de desajuste. Essa diferença de postura é similar à mudança que vem ocorrendo em relação à expectativa de se trabalhar numa mesma firma por toda a vida, mesmo em países onde essa era a norma vigente, como é ainda hoje no Japão e na Coreia.

fadada ao fracasso. Se vemos o casamento como sendo fundamental para nossa felicidade, cria-se uma expectativa que dificilmente será correspondida. Quanto mais desejamos esse objetivo quase inacessível, maior a probabilidade de errarmos e de que o outro não vá corresponder. Mais efetivo será se diversificarmos nosso "portfólio" de apostas emocionais em vez de colocarmos todos os ovos num mesmo cesto.

Além da excessiva expectativa, outro fator que leva ao fracasso é não dar a prioridade necessária à relação, incluindo aí a disposição de fazer concessões. Essa deve ser a proposta original da relação, e quando o casal perde o foco, o casamento tende a fracassar. Esse fracasso vem muitas vezes por falta de "manutenção": o casamento tinha todas as precondições para ter sucesso, mas o desgaste devido à falta de cuidado foi um erro fatal. Chega-se ao ponto em que simplesmente desistimos: fracassa-se então porque não há mais interesse. Esse pode até ser um desenlace bom. O fracasso neste caso estaria não no divórcio, mas nos problemas apresentados: sucesso no resgate, fracasso no naufrágio.

AMOR-PRÓPRIO

Em toda viagem de avião, antes da decolagem um comissário de bordo comunica aos passageiros instruções sobre como proceder em caso de acidente. Ele avisa que se houver despressurização da cabine cairão máscaras de oxigênio do teto e instrui os passageiros a pegar a mais próxima e colocá-la no rosto. Aconselha que, se alguma pessoa próxima precisar de ajuda, deve-se primeiro colocar a própria máscara para depois ajudar o outro. Existem duas razões para essa advertência. A primeira é de ordem prática: uma pessoa precisa estar com sua necessidade atendida para ter serenidade para ajudar o outro. A segunda prende-se ao fato de que muitas pessoas ficam tão ansiosas por ajudar os outros que se esquecem de suas próprias necessidades.

Essas instruções são motivadas pelo comportamento habitual da maioria de nós. Frequentemente vemos pessoas que se esquecem da importância de atender suas próprias necessidades por se sentirem na obrigação de dar, a qualquer custo, atenção aos outros, principalmente por se sentirem receosas de serem acusadas de egoísmo. Na verdade, é muito comum se ver esse tipo de cobrança sendo feito. Filhos que se queixam de que seus pais não se sacrificam, ou pais reclamando da pouca ajuda dos filhos. Atrás de uma acusação de egoísmo, em geral está uma pessoa irritada por não ter seu próprio egoísmo atendido.

Cuidar bem de si mesmo, antes de egoísmo, é uma manifestação de autoestima. E a autoestima é uma atitude natural. Podemos observar em todos os animais uma atitude de cuidado e apreço, para consigo mesmos em primeiro lugar, para com sua prole em seguida (em algumas circunstâncias esta em primeiro lugar), e também para com os demais elementos do bando e da espécie. É desejável que, paralelamente às manifestações de interesse pelas pessoas amadas, cada um de nós deixe espaço para atitudes de cuidado para consigo mesmo. Se uma pessoa adulta não cuida de si, ninguém mais irá cuidar. A autoestima é fundamental para a saúde mental.

Os maus-tratos recebidos durante a infância são uma das principais causas de baixa autoestima. Isso se deve à facilidade com que tais maus-tratos são interpretados pelas crianças como prova de sua falta de valor e, portanto, como indicação de que não devem se prezar. Quando uma criança recebe pouco amor, a consequência será uma autoestima diminuída. Quanto maior for a impressão de estar recebendo pouco amor, ou quanto menores forem as manifestações de amor, mais grave será.

A pessoa que viveu essa situação traumática tem dificuldade para acreditar que é amada e costuma exigir constantes provas de amor de seu parceiro. No fundo, mesmo que não perceba, ela não se acredita merecedora de amor. No entanto, uma prova de amor dura poucos dias. Ainda que sucessivas e incessantes, nunca bastam. Seu sentimento pode ser assim traduzido: "Se meus pais não me amaram, eu não mereço ser amada, não tenho razões para me amar, e todo amor que eu estiver recebendo é falso ou consequência de um engano."

A solução a essa situação é trabalhosa, embora fácil de ser descrita. É necessário que a pessoa carente de autoestima perceba que sua dificuldade é interna, e que, por isso, não poderá ser resolvida com gestos vindos de fora. Precisa aceitar que cabe a ela transformar sua forma de reagir. Seus sentimentos não desaparecerão, mas na medida em que ela entender que são falsos passará a dar cada vez menos importância a eles, e deixará de agir levada pelo que sente, passando a funcionar mais de acordo com a razão e menos pela emoção. A razão, neste caso, serve como uma lente que mostra a realidade, corrigindo a "miopia" de um sentimento equivocado. Assim a pessoa pode vir a apreciar o amor que desperta nos outros e também retribuí-lo, revigorando sua própria capacidade de amar.

Observar a atividade das crianças pode ser muito instrutivo para se compreender a autoestima. Ao ver uma criança pequena começando a andar, facilmente se percebe que ela só aprende à custa de muitas quedas. É estimulante ver como a criança insiste e luta, até ganhar equilíbrio e firmeza nas pernas. Desse exemplo se aprende o quanto é inevitável passar por desacertos e erros para finalmente conseguir agir corretamente, e isso é verdade para a maior parte dos aprendizados ao longo de toda a vida. Errar é indispensável ao progresso, e suportar os erros é uma atitude saudável.

Lamentavelmente, a educação tradicional tende a tratar o assunto de forma muito negativa. Erros costumam ser punidos, esforços malsucedidos tendem a ser desvalorizados e notas baixas determinam inescapavelmente o destino de um aluno. Empenho e esforço só são premiados quando atingem o sucesso. Como consequência, desde muito cedo todos são incentivados a evitar errar e, pior ainda, a ter uma postura negativa em relação a erros cometidos — tanto os próprios quanto os alheios —, o que prejudica a autoestima.

Isso leva muitas pessoas a ficarem paralisadas em seus processos de crescimento pelo receio do julgamento que vão receber e da rejeição de que poderão ser vítimas caso cometam erros. Acabam por preferir nada fazer para não arriscar errar, e se tornam adeptos de um imobilismo que, quando não impede, pelo menos dificulta bastante o progresso. Correm o risco de fazer parte do time que termina "invicto" o campeonato por não ter disputado uma única partida. É fundamental, para a recuperação da autoestima e para o progresso, o estímulo a uma atitude mental que evite condenar os erros e os compreenda como parte essencial do processo de aprimoramento.

O grande equívoco da falta de autoestima concentra-se na negação do fato de que somos — todos e cada um — representantes do milagre da vida. Convém lembrar que possuímos um cérebro altamente sofisticado, capaz de feitos sensacionais como ver, ouvir, comunicar-se e até mesmo pensar sobre o significado da vida. Mais do que suficiente para merecermos uma alta dose de apreço por nós mesmos, independentemente de sucessos e fracassos que colhemos em nossas trajetórias e da eventual falta de manifestações amorosas de nossos pais. Como já foi dito: "É possível que um ser com joias tão sensíveis quanto os olhos, instrumentos musicais tão encantados quanto os ouvidos, e um fabuloso arabesco de nervos como o cérebro possa considerar-se menos do que um Deus?"

Em todos os momentos em que se desenvolve uma baixa autoestima, a primeira atitude a ser tomada para corrigir o problema consiste em tentar neutralizar a situação que origina a insegurança. Para tanto, é preciso se fortalecer a ideia da autovalorização. Nos momentos em que somos atingidos por sentimentos de pouca autoestima, precisamos reforçar o entendimento da nossa própria importância e do nosso próprio valor como ser humano.

Um caminho para evitar o sentimento do fracasso é valorizar tudo que podemos sonhar e construir. É preciso também confiar em nossa capacidade de executar nossos sonhos e transformá-los em realidade. Convém valorizar nossas pequenas vitórias cotidianas, compreendendo que elas podem, a longo prazo, representar grandes alegrias. O mínimo que cada um de nós deve exigir, de si mesmo e dos demais, é respeito e consideração pelo que somos, pelo nosso potencial e pelo que representamos como obras da natureza.

Tudo isso deve ser tratado com disciplina, que é a maior e melhor manifestação da autoestima. Se tivermos amor-próprio, iremos usar a disciplina para trabalhar por nosso bem-estar, por nossa saúde e por nossa felicidade. Uma paixão equivocada é como um vício. É preciso abandoná-la da mesma forma como se cura um vício: com esforço e disciplina estimulados pela autoestima. Significa querer fazer o bem a si mesmo ainda que custe todo o sacrifício que for necessário.

Disciplina é a manifestação mais evidente da autoestima. Costumava-se usar a expressão *força de vontade* para se referir ao esforço que uma pessoa faz para seguir o melhor caminho quando existe outro com piores resultados, mas mais agradável. A expressão não é adequada porque presume que existam vontades fortes e fracas. Na verdade, o que existe é vontade suficiente para levar a pessoa a se esforçar, ou uma falta de vontade que conduz alguém para a direção mais confortável. E essa vontade depende da intensidade da autoestima. A ausência de vontade suficiente é chamada de falta de autoestima, porque a falta de vontade está vinculada à falta de amor. Ao se reduzir a questão da vontade a uma questão de intensidade amorosa, se encontra um denominador comum mais adequado para avaliar os sentimentos.

AMOR AO PRÓXIMO

Sabemos que autoestima e amor não se encontram em farmácias para comprar. Mas podemos ficar alertas para a importância de se desenvolver a autoestima e a capacidade de amar, de forma que cada um se torne mais bem disciplinado e com isso mais capaz de atingir seus objetivos e lutar para obter melhores resultados em sua vida, principalmente no sentido de ser mais feliz. Uma das formas mais eficazes de se desenvolver a autoestima é através da generosidade.

A maneira mais eficaz de encontrar bem-estar e felicidade consiste em ajudar os outros. Quando deixamos de nos preocupar com nossas próprias dificuldades, paramos de sofrer por elas. Quando estamos nos preocupando com as dificuldades de outra pessoa, em vez de sofrer, agimos. Se doamos algum bem material, deixamos de ter o que damos, mas quando damos o que temos de melhor — nosso carinho e nossa atenção —, não ficamos nem uma gota mais pobres de amor. Da mesma forma que uma vela pode acender centenas de outras sem perder a chama, qualquer um pode ajudar o outro sem se prejudicar. Pelo contrário: nos enriquecemos de calor humano e, acima de tudo, alimentamos nossa autoestima.

A autoestima tende a melhorar quando nossa generosidade e altruísmo entram em ação, porque percebemos que existem qualidades em nós, que temos capacidade para a bondade, e isso nos torna maiores e melhores. Um dos ingredientes básicos do amor é a admiração. Quando se pratica a caridade, cria-se uma nova razão para a autovalorização, fortalecendo a autoestima. Fazer boas ações, por exemplo, é a melhor cura para a depressão, que é uma das consequências da baixa autoestima.

Esse parece ter sido o elemento fundamental da sobrevivência da humanidade — a capacidade de trabalhar em equipe e enfrentar dificuldades com uma ação solidária. Já o individualismo está vinculado à ideia de fracasso, mas este será sempre amenizado pela prevalência do sentimento de solidariedade.

10

COINCIDÊNCIAS ALEATÓRIAS

POR ACASO

Em seu conhecido conto "A Biblioteca de Babel", o escritor argentino Jorge Luis Borges descreve uma biblioteca contendo todos os livros possíveis de serem escritos em exatas 410 páginas utilizando-se apenas as letras do alfabeto e a pontuação. Toda e qualquer possível combinação de letras estaria representada nesta biblioteca, que teria assim inúmeros volumes repletos de textos absolutamente incompreensíveis, mas também volumes contendo apenas a letra "a" repetida inúmeras vezes, outros apenas com a sequência "abababab..." etc. Como absolutamente todas as combinações são permitidas, haveria necessariamente livros em que as letras seriam ordenadas formando palavras, ou por vezes frases completas com sentido lógico, e também livros inteiros com narrativas perfeitamente inteligíveis.

Encontraríamos assim nesta biblioteca todos os livros jamais escritos em qualquer língua, além de todos os livros que poderiam ter sido escritos, todas as biografias de cada pessoa existente e assim por diante. No mundo real essa biblioteca ocuparia um espaço maior do que o universo conhecido, mas seria em princípio finita, visto que o número das possíveis combinações de todas as letras é enorme, mas não infinito. Imagine-se assim a surpresa de um visitante, que ao entrar nesta biblioteca, abrisse ao acaso um dos livros e descobrisse nele a exata descrição de sua vida, com todos os incidentes grandes ou pequenos de seu passado e inclusive eventos futuros.*

Um dos pontos interessantes que esse conto levanta é o dos extremos que diferentes combinações inteiramente aleatórias podem gerar. Existem na Biblioteca de Babel inúmeros livros, e por mero acaso um deles conta exatamente a nossa vida. O visitante que tenha aberto unicamente esse livro em particular, e não os outros, terá todas as razões para acreditar tratar-se de algo mágico ou sobrenatural, pois seria difícil explicar de outro modo tal coincidência.

Da mesma forma, diversos acontecimentos em nossa vida nos parecem "coincidência demais para ser verdade", e nos fazem buscar algum tipo de explicação. No entanto, nos esquecemos de que cada um dos instantes de nossa vida corresponde também a uma minúscula probabilidade, e a uma igualmente rara coincidência.

Vamos supor, por exemplo, que num determinado dia estejamos caminhando numa rua qualquer em nossa cidade. Olhamos à volta e notamos que, neste momento, está passando nesta rua

---

* Na verdade, não é necessário criar a biblioteca fisicamente. Seguindo a ideia do conto de Borges, foram criados sites na internet em que essa "biblioteca" é simulada por algoritmos e o usuário pode procurar qualquer palavra, frase ou texto em um desses inúmeros "livros". Infelizmente, sendo a memória dos computadores limitada, esses sites conservam apenas uma pequena fração desses livros, portanto o leitor não deve esperar como altamente provável encontrar sua vida ali descrita. Mas não custa tentar...

um carro, cuja placa observamos por pura falta do que fazer, e notamos também distraidamente uma criança vestindo uma blusa azul correndo pela calçada, e talvez ainda uma melodia vinda de uma das lojas. Observamos tudo isso rapidamente e sem nos determos muito; é parte de nosso quotidiano e não merece maiores considerações. Tudo está calmo e nos parece perfeitamente natural.

Mas poderíamos olhar a mesma cena sob outro ponto de vista, e notaríamos quase assustados a enorme coincidência necessária para esse momento único. De fato, poderíamos nos perguntar como é possível que entre tantos carros que poderiam estar passando neste preciso momento surgisse um exatamente com aquele número na placa, e que houvesse uma criança correndo com uma blusa exatamente daquela cor e não outra, e que a música tocando neste momento fosse exatamente aquela.

Se pensarmos em todas as possíveis combinações, e se estendermos ainda a pergunta para a situação específica e única em que se encontrava neste momento cada um dos sete bilhões de habitantes do planeta, e talvez também a todas as células de cada uma destas pessoas, e assim por diante, todas se alinhando de uma forma precisa para produzir a particular situação daquele minuto, veremos que cada combinação particular é infinitamente improvável. Assim como o é cada acontecimento individual da vida de cada um de nós. E, no entanto, ocorrem o tempo todo. *Por acaso.*

O papel do acaso se torna ainda mais difícil de aceitar quando ele se manifesta em coincidências aparentemente mágicas. Assim, se sonhamos que nosso tio Alfredo faleceu inesperadamente, e se no dia seguinte somos informados de que ele veio de fato a falecer durante a noite, seremos inclinados a atribuir certo valor premonitório a nossos sonhos. No entanto, um momento de reflexão bastará para nos darmos conta de que a probabilidade de nosso tio morrer inesperadamente em cada um dos tantos outros dias do ano é igualmente grande ou pequena. No entanto, houvesse tio Alfredo falecido em outro dia não teríamos nos surpreendido. A diferença entre esses dois casos é apenas que o primeiro corresponde a uma situação em que há uma aparente relação: acreditamos que nosso sonho possivelmente tenha antecipado a morte de nosso pobre tio.

A dificuldade que temos em aceitar o papel da coincidência em nossa vida se deve, pelo menos em parte, à necessidade quase imperativa que temos de acreditar que nossos caminhos seguem uma lógica. É mais fácil acreditar que os eventos de nossa vida sejam determinados por nossas ações, por Deus ou por forças da natureza do que pelo simples jogo cego do acaso. Nós no sentimos quase aviltados quando nos descrevemos como meros dados lançados por um universo randômico, e preferimos crer que há um "sentido" em nossas vidas. No entanto, a lógica da vida, se existe, escapa constantemente à compreensão. Ou, como na conhecida passagem de Shakespeare, no monólogo final de *Macbeth*:

> A vida é apenas uma sombra ambulante,
> um pobre cômico que se empavona e agita por uma hora no
> [palco,
> sem que seja, após, ouvido;
> é uma história contada por idiotas,
> cheia de fúria e muito barulho,
> que nada significa.

A atração que exerce a ideia de nossa vida ser predeterminada (e de preferência por alguém que não seja o idiota aludido por Shakespeare) é atestada, por exemplo, nas muitas variantes da expressão "estava escrito", em diferentes línguas e culturas. De certa forma está de fato escrito, assim como "nosso" livro na Biblioteca de Babel. O ponto é que além de nosso livro há muitos outros, um ao lado do outro, e cada qual com desenlace ligeiramente diferente. Qual deles abriremos em nossa vida é a questão.

* * *

Curiosamente, ao mesmo tempo que tendemos a acreditar na existência de um destino queremos também nos sentir no controle, o que é outra forma de dizer que não aceitamos o papel do acaso. Quando os eventos saem de nosso controle nos sentimos impotentes e deprimidos. Um exemplo pode ser visto em nossa tendência de "torcer" por um time durante uma partida de futebol. Assim, nos vemos gritando palavras de estímulo em direção à televisão, como se esses gritos pudessem magicamente alcançar os ouvidos do jogador, e este seguir nossas inteligentes orientações técnicas. Ou quando, ao assistir a um filme, nos vemos torcendo para que o protagonista aja de tal ou qual forma. Em ambos os casos não nos restringimos a simplesmente assistir ao espetáculo diante de nós, mas queremos ser parte dele. Apesar de sabermos perfeitamente que o jogador não pode nos escutar, nem o filme irá alterar seu enredo, sentimos e nos comportamos como se não soubéssemos. Logo, cabe a pergunta: em quantos outros momentos de nossas vidas não nos comportamos da mesma forma?

Aqueles que já se viram com um familiar ou ente querido prestes a passar por uma cirurgia de risco muito provavelmente chegaram a imaginar, ainda que brevemente, um desfecho trágico. Da mesma forma que no caso do jogo de futebol ou do filme, nos comportamos como se acreditássemos que pudéssemos influenciar o cirurgião ou a evolução da doença.* Nós nos comportamos de forma idêntica também em circunstâncias menos urgentes, mas talvez não menos importantes: a resposta quanto a uma vaga de emprego ou uma promoção que aguardamos, o resultado de um exame médico ou de um bilhete de loteria... As tantas ansiedades que antecedem cada evento importante, e dos quais nada podemos alterar.

De certa forma, muito de nosso engajamento político espelha essa mesma vontade ou crença de poder mudar o que não está em nossas mãos. Lemos as notícias e debatemos a última eleição com um envolvimento emocional pouco proporcional ao poder que temos sobre os fatos. Há um sentimento que se traduz por "é preciso fazer *alguma coisa*", mesmo quando essa coisa seja simplesmente manifestar contrariedade. Naturalmente há valor na propagação de ideias, mas a intensidade de nossas reações muitas vezes se deve mais a uma inconsciente supervalorização do poder de nossa indignação do que ao real efeito sobre os eventos. Um desenrolar que nos agrada é sentido como devido, ao menos em

---

*Muitas vezes há outros fatores também contribuindo. Por exemplo, poderíamos estar pedindo a Deus um desenlace favorável. Sob certo ponto de vista, a oração pertence a essa mesma categoria, visto que Deus obviamente sabe o que queremos e o que deve ser feito, mesmo que não o peçamos.

parte, à nossa torcida, e os contrários nos deixam frustrados e impotentes. Da mesma forma, frequentemente nos vemos angustiados com acontecimentos em nossas vidas, e essa angústia é em grande parte devida à incapacidade de aceitar nossa impotência diante dos fatos.

Olhando em retrospecto, nos damos conta de como uma enorme parte de nossas ansiedades foi inútil e, por vezes, até mesmo prejudicial. Inútil porque os eventos seguiram uma rota que em nada podia ser influenciada por nossos pensamentos ou desejos, e prejudicial por nos trazer sofrimento em vão. No caso da partida de futebol ou do filme, nossas tentativas de participação podem parecer apenas cômicas e não têm maiores consequências. No caso das discussões políticas, geralmente não produzem malefícios maiores do que eventuais discussões. Mas o mesmo não pode ser dito das angústias que alimentamos em nós mesmos quando tentamos interferir no que não pode ser alterado. Talvez nossa existência fosse mais tranquila se pudéssemos simplesmente assistir a ela, como um interessante filme ou uma competição esportiva.

* * *

A tendência de supervalorizarmos o poder que temos sobre nosso destino, e em particular sobre eventos fora de nosso alcance, se manifesta em vários contextos. Sob certo aspecto, as diferentes formas de superstição são expressões deste sentimento. É comum sermos tentados a repetir comportamentos passados que foram sucedidos por eventos favoráveis, por acreditarmos, conscientemente ou não, que dessa forma alteraremos o desenrolar dos fatos em nosso favor. Assim, quando vamos a um encontro de negócios usamos a mesma gravata usada num encontro anterior que teve ótimo desfecho, ou carregaremos no bolso um amuleto quando temos que fazer uma prova importante.

De forma recíproca, uma experiência negativa no passado pode permanecer associada aos eventos que lhe seguiram, mesmo quando a relação de causalidade é obviamente inexistente. Um dos autores deste livro tinha o hábito de nunca deixar a quadra de basquete onde praticava seu esporte sem antes encestar a bola uma última vez. No único dia em que deixou de fazê-lo, saiu da quadra e sofreu um acidente de automóvel. Uma vez recuperado, rapidamente retornou ao antigo padrão de acertar a bola na cesta antes de terminar o treino, como se isso fosse protegê-lo de futuros acidentes.

E de certa forma protege, sim. Porque, tanto no caso dos amuletos, quanto no da quadra de basquete ou de não cruzar à frente de um gato preto, os comportamentos que sob qualquer análise minimamente lógica revelariam não poder afetar eventos externos alteram *nosso* comportamento, pela esperança ou insegurança que nos instilam. E esse comportamento pode nos deixar mais distraídos ou hesitantes e favorecer um acidente, ou, ao contrário, nos deixar confiantes e estimular um bom desempenho. Evitar os primeiros e buscar os últimos podem ter um efeito concreto e positivo, desde que não nos tornemos dependentes desses hábitos.

Mas há outras manifestações dessa crença em nosso poder sobre eventos externos cujas consequências podem ser muito prejudiciais. É o caso, por exemplo, dos que apostam em cassino ou em outros jogos de azar, que acreditam ter uma mística relação com os dados ou as cartas, cuja crença tem consequências por vezes nefastas. Assim, é comum jogadores acreditarem — ou se comportarem como se acreditassem — que há uma técnica em lançar dados ou que com suficiente concentração mental podem influenciar a próxima carta.* O fato de a suposta técnica falhar na grande maioria das vezes não chega a dissuadir os jogadores: a técnica existiria, acreditam, mas o jogador falhou porque ainda não a domina perfeitamente.

Não são apenas os dependentes de jogos que manifestam essas crenças. Podemos observá-las em nós mesmos, e são bem mais comuns do que esperaríamos. Alguns estudos de psicologia mostram por exemplo que as pessoas tendem a acreditar que se "treinarem" no jogo de cara ou coroa sua probabilidade de acerto aumentará, ou que têm poder de fazer acender ou apagar uma lâmpada que na verdade pisca aleatoriamente.[33]

Num cenário um pouco mais comum é frequente pessoas que jogam cartas, mesmo que entre amigos, não permitirem que elas sejam distribuídas entre os jogadores em ordem diferente da que foi preestabelecida (por exemplo, da esquerda para a direita). Os jogadores sabem e aceitam que as cartas sejam distribuídas aleatoriamente, e que a probabilidade de receberem uma carta "boa" ou "ruim" depende unicamente do acaso — portanto, alterar a ordem de distribuição não é diferente de embaralhar

---

* Para sermos precisos, há uma ligeiríssima tendência de que o número da face superior do dado se mantenha na mesma posição quando o arremessamos. Essa minúscula diferença, porém, tende a desaparecer com os efeitos de atrito na mesa, força do impulso dos dedos etc. Quanto a influenciar as cartas por telepatia, desejamos boa sorte ao leitor que queira tentar.

as cartas um pouco mais. No entanto, comportam-se como se acreditassem que há uma carta predestinada a cada um, e que teríamos o poder de alterar um desígnio quase divino através desse ato.*

Essa dificuldade de nos resignarmos a nossa impotência e aceitarmos o que é inevitável está na origem de muitas angústias. Um inevitável talvez escrito por deuses, ou por pessoas sobre as quais não temos nenhum poder, ou simplesmente causado por eventos aleatórios. Em qualquer desses casos, nosso poder sobre o desenrolar dos acontecimentos é nulo, e há mesmo certa arrogância em acreditar que podemos influenciar o universo para que nos atenda.

A carta que nos era destinada é por definição aquela que chegou a nossas mãos, o time vencedor será aquele que jogar melhor, o dado cairá com o número seis, o filme terminará com o protagonista triunfando, e nada, absolutamente nada disso dependerá de nossos esforços, desejos ou necessidades. Não somos o centro do universo, os astros não giram ao nosso redor nem os eventos da vida se subordinam ao que almejamos ou julgamos justo. Tampouco somos singulares por sermos atingidos por injustiças, derrotas, fracassos ou tragédias. Ao contrário, se há uma coisa que une todos os homens é exatamente essa enorme fragilidade e impotência face aos eventos externos e à enorme força do acaso. E, se aceitarmos com certa humildade essa impotência, podemos talvez nos livrar do sentimento de culpa que nos acompanha

---

*Um outro exemplo, que trataremos um pouco mais em outro capítulo, é o dos *traders* no mercado de valores. É conhecida a convicção que as pessoas têm em sua capacidade superior de selecionar ações que na verdade têm o movimento ditado inteiramente por flutuações aleatórias.

na derrota. Culpa por não termos feito mais ou melhor, culpa por não termos antecipado ou por termos nos precipitado, culpa por termos decidido errado ou por termos hesitado. Neste sentido, aceitar nossas limitações e impotência pode paradoxalmente ser o caminho para termos mais poder, ao menos sobre nosso bem-estar.

ACASO AO QUADRADO

Uma das facetas dramáticas do fracasso é que muitas vezes ele surge de forma inesperada. Amores que até a véspera irradiavam alegrias subitamente viram cinzas, escaladas se transformam em precipícios, a paz se faz drama. Frequentemente somos surpreendidos pela abrupta mudança do destino e pela intensidade do desastre. Desastres poucas vezes se anunciam, e quando chegam frequentemente são não apenas abruptos como também irreversíveis. Isso torna ainda mais difícil que os aceitemos. Parece-nos que o passado, por estar tão vivo em nossa memória, se encontra ainda ao alcance de nossas mãos, e que com um pouco de esforço poderá ser revivido. Infelizmente não pode, como a duras penas aprendemos.

Além de abruptos, desastres e derrotas costumam surgir em série, amplificando-se justamente quando estamos fragilizados. Sentimos que "tudo está dando errado" e que os deuses conjuraram para afligir-nos todos os sofrimentos de uma só vez. Talvez os deuses estejam ocupados com assuntos mais importantes que nossas míseras existências, mas dizer que "tudo" ou "quase tudo" deu errado nem sempre é exagero.

Uma das razões para isso é que muitas vezes diferentes derrotas são causadas por uma mesma causa comum. Uma personalidade agressiva, por exemplo, pode se manifestar em diferentes setores de nossa vida e levar a derrotas simultâneas no casamento, no trabalho e na relação com os amigos. Alguém com pouca capacidade de organização possivelmente verá os efeitos disso tanto no trabalho quanto nas finanças.

Além disso, frequentemente uma derrota leva a outra, e vemos cair como peças de dominó diversas frentes de nossa vida. Ao perdermos o emprego nos tornamos irritadiços ou deprimidos, o que gera atritos familiares. Passamos a cuidar menos de nosso corpo, e nosso organismo indefeso contrai uma doença. Podemos nos ver sem dinheiro, sozinhos e doentes, quando pouco tempo antes nada disso estava no horizonte.

Essa característica dos acidentes e pequenas derrotas de produzir resultados mais dramáticos do que cada uma das componentes por si geraria é encontrada em diversos outros cenários. Por exemplo, o acidente no reator nuclear de Chernobil foi causado por uma sequência de erros, tanto humanos quanto no projeto de engenharia, em que cada uma das falhas não tinha individualmente a gravidade do desastre final. Mas quando um técnico esquece de fechar a válvula A exatamente no dia em que a válvula B estava quebrada, e quando essa válvula era necessária para reter o vapor do setor C que por coincidência havia excedido a pressão limite, os eventos tomam proporções dificilmente imagináveis.

Da mesma forma, acidentes de avião muitas vezes resultam da combinação de erros humanos com condições meteorológicas adversas ou falhas técnicas, frequentemente pequenas quando analisadas isoladamente, mas com resultado trágico. Ou, mais próximo da existência humana, a morte de pessoas idosas geralmente resulta não da falha de um único órgão, mas do colapso simultâneo de várias funções num organismo já debilitado.

Não é diferente no caso dos sucessos. Em alguns períodos de nossas vidas (infelizmente menos frequentes do que gostaríamos), sentimos que "os planetas se alinham e nos favorecem", e que entramos numa "maré de sorte". Tampouco essa sensação é sempre falsa. Tanto no caso do fracasso quanto no do sucesso, há um componente psicológico que nos estimula ou desestimula e contribui para enfrentarmos os acontecimentos de forma mais ou menos positiva, com mais ou menos energia. Neste caso não são os planetas ou os deuses que decidiram nos ajudar, mas nós mesmos que alimentamos um ciclo virtuoso.

Um ponto importante é que, além dessa ação de *feedback*, também há o simples acaso agindo, o que pode fazer com que diferentes fatores, cada um deles pequeno e aleatório, coincidam momentaneamente numa mesma direção e resultem num efeito grande e, por vezes, inesperado. Esse efeito se manifesta não só nas vidas humanas, mas também sob diferentes formas na natureza. O leitor provavelmente já deve ter observado como as partículas de poeira se movem no ar quando iluminadas por uma réstia de luz. Essas partículas se movimentam de forma aleatória e em zigue-zagues, num impressionante espetáculo. Esse movimento já despertava a atenção há mais de 2000 anos, como podemos ver através de narrativas que chegaram aos dias de hoje. Provavelmente a mais impressionante destas descrições seja a do poeta e filósofo romano Lucrécio, que não apenas se maravilhou com esse fenômeno como ainda corretamente o explicou como sendo devido a colisões com as moléculas de ar.*

Essas colisões são minúsculas, e como ocorrem de forma totalmente aleatória poderíamos esperar que os choques numa direção fossem cancelados pelos choques na direção oposta, e que como consequência as partículas de poeira não se movimentassem. Isso não é, porém, o que acontece, porque inteiramente por acaso podemos num dado momento ter várias colisões numa mesma direção, e a partícula ser deslocada para um ou outro lado.

Esse efeito, simples como pode parecer, é conceitualmente o mesmo que está na origem de muitas das questões discutidas anteriormente e que permite entender como o acaso, através de uma ação cooperativa de pequenos eventos, pode ter um papel tão importante em cenários tão diversos na natureza em nossas vidas. É mais do que uma simples metáfora nos compararmos a grãos de poeira sendo movidos por choques aleatórios com o mundo que nos rodeia. Muitas das situações humanas que abordamos neste livro se devem não apenas a existirem eventos aleatórios no mundo, como também à fundamental observação de que tais eventos por vezes se combinam de forma cooperativa (ou talvez devêssemos dizer "anticooperativa", no caso do fra-

---

*Lucrécio deixou um poema monumental, intitulado *De Rerum Natura* (Sobre a Natureza das Coisas), em que antecipou em alguns milênios conceitos como indeterminismo e ação do movimento aleatório dos átomos no movimento da poeira no ar (tudo isso em cuidadosos versos datílicos hexamétricos). Essa obra ficou praticamente desconhecida até o século XV, quando foi encontrada em um monastério beneditino na Alemanha.

casso) de forma a produzir efeitos inesperados. Analisando em retrospecto o que levou ao nosso desastre, é difícil compreender todas as interações que o provocaram; tentar antecipá-lo é simplesmente impossível.

SOBRE HOMENS E POLENS

Séculos após a redescoberta dos manuscritos de Lucrécio, o mesmo movimento aleatório de partículas foi investigado em outro contexto: o das partículas de pólen movendo-se na água. Esse movimento pode ser claramente observado com modestos microscópios, e levou a especulações de que talvez fosse uma demonstração do "espírito vital" do pólen. Coube ao botânico escocês Robert Brown mostrar, em 1827, que mesmo partículas inorgânicas se comportavam da mesma maneira, e assim descartar a ideia de tratar-se de movimento espontâneo. Restava, porém, a questão de qual seria então sua origem. E para isso foi necessário esperar por Einstein, que em 1905 desenvolveu um modelo teórico que explicava em detalhe o que passou a ser conhecido como movimento browniano, em homenagem a seu descobridor.

Essa teoria de Einstein, como praticamente todas as outras suas, teve enorme impacto nos mais variados contextos. Entre outros, a variação dos preços de ações na Bolsa de Valores, que veremos no capítulo seguinte, pode ser descrita pelas mesmas equações que as derivadas por Einstein para o movimento browniano. Ignorando os detalhes, a equação de Einstein* descreve os movimentos aleatórios como sendo a soma de dois fatores: uma força determinística, por vezes chamada de "arrasto", e uma força completamente imprevisível e aleatória, chamada de "difusão". No caso da poeira se movendo no ar, o arrasto seria o movimento provocado pelas pequenas correntes de ar, e que podemos provocar facilmente abanando um objeto qualquer na região iluminada. Já a difusão seria causada pelas inúmeras colisões das moléculas de ar com as partículas de poeira.

Mas voltando aos eventos de nossas vidas, talvez essa descrição possa nos ajudar a compreender um pouco melhor como os diferentes efeitos aleatórios contribuem para um fracasso. O "movimento de arrasto" no nosso caso seriam as diversas posturas e decisões que tomamos racionalmente, sobre as quais temos razoável poder. Por exemplo, não há dúvida de que para nos tornarmos médicos devemos entrar numa faculdade de medicina e estudar por seis anos. Ou que para nos casarmos com alguém devemos de alguma forma nos aproximar dessa pessoa. Da mesma forma, nossa personalidade, embora ela mesma influenciada por fatores aleatórios, servirá de "arrasto" para propiciar encontros amorosos com pessoas de uma ou outra característica, para termos ou não uma relação harmoniosa, ou ainda para o sucesso

---

*Essa equação de Einstein nada tem a ver com sua famosa equação $E=mc^2$, talvez a mais famosa de todos os tempos, exceto o fato de ter sido publicada no mesmo ano de 1905. Incidentalmente, neste mesmo ano Einstein, então com apenas 26 anos, publicou nada menos do que quatro artigos fundamentais e revolucionários, cada qual por si merecedor de um Prêmio Nobel: o efeito fotoelétrico, o efeito da relatividade, a equivalência massa e energia e o movimento browniano que nos ocupa aqui. Tão impressionante foi essa criatividade condensada em apenas um ano que ele ficou conhecido como *Annus mirabilis*, ou ano extraordinário, miraculoso.

profissional. Mas ao mesmo tempo devemos nos lembrar de nossa difusão, constantemente colidindo com inúmeros eventos externos e aleatórios que se apresentam das mais variadas formas. Mesmo quando individualmente pequenos, esses eventos podem coincidir numa mesma direção e provocar mudanças drásticas em nossas vidas.

11
FINANÇAS

Como vimos em capítulos anteriores, o dinheiro — ou a falta dele — é uma medida frequentemente utilizada para quantificar o fracasso. É conveniente como métrica porque permite facilmente estabelecer uma hierarquia entre pessoas. Assim, quando vemos alguém com grande sucesso financeiro, supomos que isso se deve a uma capacidade superior, da mesma forma que vemos o fracasso financeiro como resultado de uma falta de talento ou de inteligência.

O problema é que essa abordagem na maioria das vezes está errada. E um dos melhores exemplos está no mercado financeiro, mais precisamente no mercado de ações. Aqui, mais do que em qualquer outro empreendimento econômico, o papel da componente aleatória é enorme, e frequentemente subestimado. Na verdade, se há um campo onde sucesso e fracasso são determinados em sua maior parte por sorte e azar é na Bolsa de Valores, embora isso normalmente seja visto com grande relutância pela maioria dos investidores individuais.

Não deveria ser. A questão tem sido analisada há pelo menos um século, quando o matemático francês Louis Bachelier publicou sua tese de doutorado, intitulada *Teoria da especulação*. Nela, Bachelier descreveu pela primeira vez o mercado de opções como processos estocásticos (ou seja, aleatórios).[34] Segundo essa teoria, o movimento de preços da Bolsa de Valores segue uma trajetória inteiramente aleatória e, portanto, imprevisível. Naturalmente, essa tese põe em xeque a crença de que existem pessoas com capacidade superior para escolher o exato momento de comprar ou vender uma ação na Bolsa, e ter assim retornos superiores ao da média.

BOLSA DE VALORES

Uma das coisas curiosas sobre o mercado de ações é que cada vez que uma pessoa está comprando, outra está vendendo, e ambas acham que são espertas.

— WILLIAM FEATHER

Muitos de nós conhecem ou ouviram falar de algum corretor de ações que obteve enorme sucesso no último ano, ou talvez mesmo nos últimos dez anos. Não seria essa exatamente a demonstração de que algumas pessoas possuem capacidade superior de análise? E isso não indicaria que nós, numa escala mais modesta, poderíamos igualmente obter sucesso através de uma análise cuidadosa do mercado somada a algumas boas ideias? Ou, reciprocamente, não indicaria que nossos malogros no mercado financeiro se devem à nossa enorme estupidez e falta de raciocínio?

Na verdade, a resposta a todas estas perguntas é *não*. Para ilustrar esse ponto, é interessante examinarmos com cuidado as previsões feitas por especialistas tidos como "de sucesso" e entendermos até que ponto uma sequência de acertos pode ser explicada como mera coincidência (ou não). Antes de tudo, é fundamental entendermos qual a pergunta que está sendo feita. E a pergunta relevante não é "Qual a probabilidade de *esse* especialista em particular ter acertado por dez anos em sequência?", mas sim "Qual a probabilidade de haver *um* especialista que tenha acertado por dez anos em sequência?".

A distinção é importante, e semelhante à que ocorre na loteria ou na rifa. A probabilidade de o leitor ganhar o prêmio é minúscula, mas a probabilidade de *alguém* acertar é muito grande (no caso da rifa é de 100%). Não queremos saber a posteriori que determinado analista teve acerto superior ao da média, mas sim saber com antecedência qual das várias recomendações devemos seguir. Precisamos também saber se o fato de haver um analista com vários acertos sucessivos significa que é o momento de nos juntarmos a ele, ou se é, ao contrário, o momento certo de evitá-lo, pois provavelmente irá começar a perder em breve. A análise desse tipo de problema poderá igualmente nos ajudar a entender o papel das coincidências em nossas vidas individuais, e em especial o papel de eventos aleatórios no que consideramos sucesso ou fracasso.

Voltando ao problema dos especialistas do mercado financeiro, vamos examinar a performance de fundos ativos de investimento, como por exemplo os fundos ativos do mercado de ações. Esses fundos se propõem a obter um rendimento superior ao do índice agregado do mercado, como por exemplo o Bovespa no Brasil ou o SP500 nos Estados Unidos. Para atingir esse objetivo, esses fundos adotam diferentes estratégias para selecionar ações, supostamente norteadas por uma superior capacidade de análise.

O investidor tem assim diante de si duas opções: investir seu dinheiro em fundos passivos (ou seja, fundos que simplesmente distribuem os investimentos entre todas as ações do índice, buscando reproduzir o índice agregado), ou pagar uma taxa de administração, por vezes substancial, e confiar a escolha das ações aos gerenciadores do fundo. Visto que os fundos ativos são geridos por especialistas altamente recompensados, seria de se esperar que o retorno destes fosse maior do que simplesmente a cega aplicação no índice. Mas, na verdade, diferentes estudos mostram que mais de 70% dos fundos ativos têm um rendimento *inferior* ao do índice.[35]

Ainda mais importante para entendermos o papel do acaso no sucesso ou fracasso desses investimentos é saber se aqueles fundos que obtiveram resultados superiores assim o conseguiram por habilidade ou por sorte. Essa questão foi analisada por vários pesquisadores, entre outros Kenneth French e Eugene Fama,[36] este último ganhador do Nobel de Economia em 2013. Utilizando sofisticadas técnicas de estatísticas, os autores mostraram que os retornos acima do índice, quando ocorrem, são atribuíveis simplesmente ao acaso, não à habilidade dos gestores.

O que dizer, porém, dos fundos que obtêm retornos superiores por vários anos seguidos? Novamente, a questão é se isso também pode ocorrer simplesmente por acaso. E a resposta é definitivamente *sim*, embora nossa intuição nos aponte o contrário. Podemos ilustrar essa dificuldade examinando a seguinte situação: você se encontra numa festa com outras 30 pessoas e começa a conversar com um desconhecido. Qual a probabilidade de que essa pessoa faça aniversário exatamente nos mesmos dia e mês que você? A resposta é simplesmente 1/365, ou menos do que 0,3%, visto que há 365 dias no ano e o desconhecido pode ter nascido em qualquer um deles.

Por outro lado, qual a probabilidade de que haja duas pessoas *quaisquer* na festa que tenham a mesma data de aniversário? Nossa intuição nos levaria a acreditar que também essa probabilidade é pequena, talvez próxima de 10% (pois temos trinta pessoas, e trinta datas entre os 365 dias do ano o que corresponde a cerca de 10%). No entanto, provavelmente ficaríamos surpresos se nos dissessem que essa probabilidade é de 70%, chegando a 97% se houver cinquenta pessoas na festa.*

No caso dos fundos de investimento, o raciocínio é semelhante. Considerando que há mais de 1.000 fundos de investimentos no Brasil, a probabilidade puramente estatística de encontrarmos *algum* com rendimento superior ao índice numa sequência de quinze anos seguidos pode ser calculada, e é igual a 3%. Isso significa que se todos os 1.000 gerenciadores de fundos escolhessem suas ações simplesmente jogando cara ou coroa, teríamos trinta "gênios" com rendimento superior ao índice por quinze anos sucessivos, que certamente seriam admirados e

---

*Para os leitores interessados, o problema é bem simples: considere uma pessoa qualquer na festa e sua data de aniversário. A probabilidade de uma outra pessoa, que podemos chamar Pessoa 2, fazer aniversário em data *diferente* da Pessoa 1 é 364/365, visto que há 365 dias no ano e um desses corresponde à Pessoa 1. A probabilidade do aniversário da Pessoa 3 não coincidir nem com o da Pessoa 1 nem da Pessoa 2 é 363/365 (visto que temos 365 dias, dois dos quais foram ocupados pelas Pessoas 1 e 2). A probabilidade de todos esses eventos ocorrerem simultaneamente (ou seja, nenhum aniversário coincidindo) é simplesmente o produto das probabilidades, visto que são eventos independentes. Dessa forma, seguindo o mesmo raciocínio até a Pessoa 30, veremos que a probabilidade de não haver coincidências de aniversários é igual a: (364/365) x(363/365)x(362/365)x...x(335/365) = 29,4%. Portanto, a probabilidade de haver duas pessoas quaisquer com o mesmo aniversário é simplesmente 100%-29,4% = 70,6%.

regiamente recompensados com excelentes bônus por sua "excelente performance".*

Esse tipo de análise levou a equipe da revista britânica *The Economist* a realizar de forma jocosa um desafio no qual a cada seis meses publicava as previsões das ações com rendimentos superiores cuidadosamente selecionadas através de... jogos de dardos. Assim, durante 15 anos os jornalistas dessa conceituada publicação se reuniam duas vezes ao ano e atiravam dardos sobre a página do jornal com o pregão do dia, possivelmente acompanhados por uma bela cerveja quente. A comparação entre os resultados obtidos por esses "especialistas" e os resultados dos profissionais do mercado mostravam pouca diferença, e a dos dardos chegava mesmo a ser superior ao índice quando se levava em conta o perfil de risco das ações escolhidas.

Esses resultados foram confirmados de forma mais rigorosa por diferentes estudos. A conclusão principal destas análises demonstra que a sorte é o principal componente do desempenho de gerenciadores de fundos de investimento. Além disso, mostrou-se também que bom desempenho numa sequência de anos não é um bom indicador para o desempenho no ano seguinte.

A razão dessa imprevisibilidade do mercado é simples: a cada momento, todas as informações disponíveis sobre uma determinada firma se refletem em um único número, o *preço da ação*. Cada vez que a imprensa dá uma notícia ruim sobre uma firma, ou cada vez que a firma publica seu balancete anual, comprado-

---

*Essa probabilidade é ainda maior se não nos limitarmos apenas a um determinado período de 15 anos, mas sim a *qualquer* sequência de 15 anos dentro dos últimos, digamos, 30 anos.

res e vendedores encontrarão um novo preço que melhor reflita a realidade daquela ação. Assim, num mercado em que as ações são frequentemente negociadas (o chamado "mercado líquido"), qualquer informação pública é disseminada instantaneamente para todos os participantes, pelo simples fato de haver uma compra ou venda, e por serem essas de caráter público. (Alguns estudos indicam que essa propagação de informação se dá em milésimos de segundo.[37]) Esse modelo de funcionamento do mercado de ações é conhecido como "Teoria do Mercado Eficiente", e foi desenvolvido pelo mesmo Eugene Fama citado anteriormente.*

DESEMPENHO PASSADO NÃO É GARANTIA NO FUTURO

A tentação de utilizarmos o desempenho passado como indicador de desempenho futuro é conhecida. Não é por outra razão que os fundos de investimento são obrigados a alertar contra esse risco em seus materiais de publicidade quando apresentam resultados de anos anteriores. Por outro lado, o próprio fato de os

---

*Note-se que estamos falando aqui de "informação pública", ou seja, informação que está disponível a todos os participantes. A situação é completamente diferente quando algum agente se utiliza de informações privadas (*inside informations*), das quais apenas um indivíduo ou grupo tem conhecimento. Neste caso, é bem provável que um participante tenha rendimento superior, embora esse rendimento possa se transformar em uma longa estadia na prisão (principalmente nos países onde a lei é aplicada.)

Para os interessados no assunto, devemos notar que há outros modelos que consideram o mercado como ineficiente. Robert Schiller, que dividiu o Nobel com Eugene Fama, desenvolveu um modelo comportamental que de certa forma traria ineficiências ao mercado. Estes, porém, são pontos técnicos envolvendo a definição de "eficiência", e não alteram nossas conclusões.

resultados anteriores serem publicados, naturalmente com ênfase nos positivos, ilustra como essa lógica tenta o investidor. E como não haveria de tentar, se essa é uma das formas básicas que temos para avaliar tudo o que nos rodeia? Na enorme maioria dos eventos de nossas vidas, utilizamos o desempenho passado para formar expectativas. Se um estudante tirou notas altas durante todo o ano, acreditamos que terá resultados bons no próximo exame; se todo ano recebemos presentes em nosso aniversário, esperaremos um presente no ano que vem, e assim por diante. A diferença, naturalmente, está em que esses eventos não são de forma alguma aleatórios, e ao contrário seguem diretivas bem claras. O erro está justamente em acreditarmos ser *determinístico* algo que é principalmente *randômico*.*

Esse é um engano similar ao que leva o jogador do cassino a acreditar que deve continuar jogando porque teve uma sequência de vitórias, ou a insistir apesar das derrotas por achar que é chegada a hora de "a sorte virar". Na verdade, qualquer análise primitiva revela que cada número numa roleta é igualmente provável, independentemente de quais tenham sido contemplados anteriormente. Mas a tentação de generalizarmos experiências passadas muitas vezes suplanta os raciocínios mais elementares.

Em 2012, vinte funcionários de um restaurante no Rio de Janeiro fizeram uma aposta coletiva na loteria e ganharam um prêmio de mais de 12 milhões de reais. Impressionados com o resultado, funcionários de uma outra sucursal do mesmo restau-

---

*Estamos usando as palavras *randômico*, *estocástico* e *aleatório* para indicar basicamente a mesma coisa: eventos que ocorrem por puro acaso e de forma não determinável.

rante começaram igualmente a jogar, e alguns meses depois também ganharam. Entrevistados pela imprensa, declararam felizes que continuariam a jogar toda semana, visto que "até agora a técnica tem funcionado".[38]

Pode parecer cômico o equívoco dessa análise, mas não é diferente do cometido constantemente em importantes decisões no mundo de negócios. Assim, empresas demitem o presidente após uma sequência de anos com resultados ruins, ou promovem e premiam dirigentes na esteira de anos de êxito, sem a devida separação de quais fatores aleatórios contribuíram para tal. Um conhecido exemplo é o que ocorre com presidentes de estúdios de cinema, responsáveis por escolher quais títulos serão produzidos. É comum o presidente de um estúdio ser demitido após alguns anos de resultados negativos (sequência de filmes que fracassam). No entanto, vários estudos mostram que esses mesmos presidentes muitas vezes haviam feito escolhas excelentes, que resultariam em estrondosos sucessos de bilheteria, mas este sucesso só pôde ser observado mais tarde, após suas demissões, visto que a produção de um filme dura alguns anos. Tanto no caso do sucesso quanto no do fracasso, os estúdios não admitem o enorme papel do simples acaso no desempenho desses filmes, preferindo atribuí-los a uma extraordinária capacidade, ou incapacidade, do presidente.[39]

Muitas vezes nossa avaliação do presidente do país é influenciada pelo mesmo tipo de erro, principalmente quando é difícil separar o mérito (ou demérito) dele e influências externas, como a economia ou o mercado internacional, ou avaliar o tempo necessário entre uma mudança na política e suas manifestações na vida da população. Da mesma forma, é comum técnicos de times de futebol serem demitidos (ou, ao contrário, elogiados) pelo desempenho dos jogadores, desempenho esse que frequentemente tem pouca relação com as técnicas adotadas ou a escalação do time.

CARA EU GANHO, COROA VOCÊ PERDE

Em todos os casos anteriores, o fracasso foi interpretado como devido à incapacidade do indivíduo, quando na verdade se deveu a fatores externos. Da mesma forma, em nossas trajetórias individuais constantemente minimizamos o papel do acaso naquilo que futuramente se torna uma grande vitória ou derrota. E a razão é simples: gostamos de sentir que "entendemos" o que está ocorrendo, que agimos de acordo, e que os resultados são consequências dessas ações. Em suma, que estamos *no controle*. É extremamente dolorosa a sensação de ser uma folha ao sabor do vento. Para isso, não hesitamos em distorcer a interpretação da realidade, procurando elementos que confirmam nossos a priori.

Voltando ao caso das aplicações financeiras, não apenas nos é difícil aceitar o papel do acaso nos resultados dos chamados especialistas do mercado, como temos igual dificuldade em aceitá-lo em nossas performances como investidores individuais. Mais revelador ainda, quando o reconhecemos é principalmente para justificar nossos fracassos, não nossos sucessos.

Recentemente,[40] pesquisadores holandeses testaram essa hipótese enviando um questionário a vinte mil investidores do mercado de capitais os quais tinham acesso ao histórico de resultados. Aos participantes era perguntado o quanto concordavam com a seguinte afirmação: "O desempenho recente de minha carteira de investimentos reflete corretamente minhas habilidades de investimento", à qual deviam responder com uma nota de 1 a 7, variando de "discordo completamente" a "concordo completamente". Assim, "notas" altas correspondem a investidores que valorizam mais suas próprias habilidades, em detrimento de fatores aleatórios ou pura sorte, e vice-versa.

Como em todas as experiências desse gênero, a análise dos resultados seguiu rigorosos métodos estatísticos, para se eliminar relações devidas a outras hipóteses (por exemplo, diferentes estratégias de investimento associadas a diferentes respostas, ou se o desempenho do mercado como um todo alterava as respostas dadas). O que os resultados mostraram foi que há uma relação direta entre o desempenho da carteira em um período e a nota autoatribuída. Ou seja, quando nossas decisões resultam em bons resultados, acreditamos serem esses devido à nossa habilidade, e quando nossas decisões são erradas atribuímos ao acaso. (Como vimos acima, a resposta mais adequada provavelmente seria a de atribuir ao acaso todos os resultados, bons ou ruins.)

Esse tipo de comportamento, conhecido como "viés de autoatribuição", se manifesta igualmente em outras áreas, como resultados de competições esportivas, notas escolares e muitos outros, e o leitor poderá talvez identificá-lo em sua própria vida. Em nossos investimentos financeiros, as consequências podem ser dramáticas quando uma sequência de acertos nos induz mais e mais a acreditarmos em nossa suposta capacidade, ou, no caso oposto, quando supervalorizarmos o azar como fator de nossos retornos negativos. Isso nos leva a correr riscos cada vez maiores e a perder a oportunidade de aprendermos com nossos erros.

Mais ainda, a excessiva autoconfiança pode nos induzir a concentrar nossas apostas nas ações em que confiamos mais, reduzindo assim os benefícios da diversificação, e a aumentar o número de transações, com consequente aumento de custos.

Como se pode esperar, outras áreas do mercado financeiro igualmente revelam esse viés. Um exemplo ocorre no importante universo de "*merge and acquisitions*",[41] em que, entre outras manifestações, até mesmo o número de vezes que a palavra "eu" aparece nos relatórios das firmas envolvidas aumenta substancialmente quando o desempenho da firma é bom.[42]

ARREPENDIMENTO E DECISÕES FINANCEIRAS

Além da influência de fatores aleatórios, o fracasso ou o sucesso em questões financeiras são afetados pelas mesmas armadilhas vistas em capítulos prévios. O receio do arrependimento em particular é um dos fatores que guia nossas decisões e afeta nossos resultados financeiros de forma substancial, sem que normalmente nos demos conta disto.

Outra armadilha, ainda relacionada ao arrependimento, é como nosso desempenho passado afeta nossas decisões futuras, semelhante à experiência do "restaurante de ratos" mencionada no Capítulo 7. Isso foi analisado por pesquisadores da Universidade da Califórnia, que fizeram um estudo detalhado examinando todas as compras e vendas efetuadas por mais de 500 mil clientes de uma grande corretora de ações nos Estados Unidos num período de cinco anos. A pergunta que os pesquisadores se colocaram era se o fato de o cliente haver vendido uma ação com lucro num determinado momento o induziria a recomprá-la posteriormente, e da mesma forma se o cliente tenderia a evitar ações que vendera com prejuízo, independentemente de a ação ter ou não se valorizado desde a venda.

Por exemplo, suponhamos que o investidor compre em janeiro ações de duas companhias, que podemos chamar "A" e "B", cada uma por 20$. Suponhamos ainda que em fevereiro o investidor venda a ação A por 25$ (lucro de 5$) e a ação B por 15$ (prejuízo de 5$). Um mês depois, em março, o investidor deve decidir entre comprar a ação A ou B.

Na ausência de eventos externos que favoreçam uma ou outra ação, a decisão do investidor em março não deveria depender do lucro ou prejuízo ocorrido em fevereiro, porque esse lucro ou prejuízo decorreu unicamente da escolha do momento particular em que o investidor decidiu comprar a ação (janeiro), e não do mérito da companhia A ou B. Se o investidor tivesse, por exemplo, esperado um pouco mais para comprar a ação, poderia ter transformado seu lucro em prejuízo, e vice-versa. Isso naturalmente nada tem a ver com a evolução do mercado, já que esse nem sequer toma conhecimento da decisão do investidor em particular.

O estudo mostrou que as decisões de recompra ou não das ações eram motivadas emotivamente, em função do sentimento associado à experiência anterior: prazerosa no caso do lucro, ou arrependimento no caso do prejuízo.

Esse resultado é semelhante a outros realizados "em laboratório", ou seja: em transações fictícias realizadas com voluntários, foram observados os mesmos padrões de comportamento descritos acima:[43] a busca de repetir as decisões que trouxeram prazer no passado, independentemente de se essas decisões se aplicam ao momento presente.

Situações mais corriqueiras, como desistir da compra de um artigo com desconto de 20% se perdemos uma liquidação anterior em que o desconto era de 40%, serão reconhecidas por muitos de nós. Em todos esses casos, é a oportunidade perdida, Occasio e Metanoia, o que dirige nossas decisões.

Naturalmente, esses estudos e experiências não demonstram que os sentimentos descritos acima sejam os mesmos para todos os investidores, ou que não possa haver outras explicações não consideradas — esse é um dos desafios de todos os estudos de comportamento humano, em que o número de variáveis é praticamente infinito. Mas, ciente dos resultados expostos aqui, o investidor pode ao menos se questionar sobre qual o papel que está tendo o receio do arrependimento em sua decisão aparentemente racional.

12

ARMADILHAS DA RAZÃO

Se podes encontrar o Triunfo e o Desastre
E tratar esses dois impostores da mesma forma...

— RUDYARD KIPLING

Um dos obstáculos para compreendermos os erros que cometemos no passado é nossa dificuldade em identificar o que nos levou às decisões, tomadas à época, que aparentemente produziram os erros. Olhando em retrospecto, nos espantamos com atitudes que tomamos e que nos parecem ter sido realizadas por outros, tão diferentes são do que nossa "lúcida lógica" atual nos recomendaria. A dificuldade talvez esteja justamente em tentarmos usar uma lúcida lógica para analisar o passado. As considerações mentais que precedem nossas decisões são motivadas e muitas vezes guiadas por emoções, e nosso raciocínio, vítima de sistemáticos erros de avaliação.

Algumas destas armadilhas são bastante conhecidas e talvez universais. Como ilustração, quando nos deparamos com um grande número de argumentos apontando numa ou noutra direção, tendemos a selecionar e valorizar mais aqueles que coincidem com nossas posições preestabelecidas. Isso é muito comum, por exemplo, em debates de problemas políticos e sociais, em que geralmente a quantidade de informação necessária para uma clara análise é enorme, e muda constantemente. Outra propensão que temos é a de, quando julgamos argumentos opostos, valorizar mais o primeiro que nos foi apresentado. Ainda outro exemplo é nossa inclinação de explicar atos de outros como resultantes de algo que tenhamos feito, conhecida em psicologia como "viés de confirmação".

Infelizmente, mesmo conhecendo essas armadilhas, e sabendo estar a elas sujeitos, não deixamos de ser vítimas numa próxima vez. É uma situação semelhante à de certas ilusões de ótica, em que por exemplo tornamos a ver uma linha maior do que a outra ainda que as tenhamos medido com uma régua e verificado serem idênticas: a ilusão não desaparece mesmo após ter sido desmascarada pela razão. Ainda que tenhamos uma aula de ótica e de psicologia, ainda que voltemos a medir várias vezes as duas linhas, nosso conhecimento racional desaparece a cada tentativa, e somos induzidos ao mesmo erro quando novamente deparamos com a figura.

Como veremos, além das armadilhas da razão existem também as armadilhas emocionais, em que a lembrança seletiva pode levar a conclusões inapropriadas. As primeiras talvez possam ser evitadas à custa de constante cuidado; quanto às últimas, uma esperança é que estarmos cientes de sua existência pode reduzir, se não eliminar, as conclusões que produzem.

A CULPA É DO OUTRO

Uma área em que os lapsos da razão são comuns é a vida afetiva, como por exemplo nas corriqueiras desavenças que ocorrem entre pessoas que se amam. Todos conhecemos esses incidentes, mais frequentes do que desejamos. Por vezes, essas desavenças se acumulam e podem se transformar em brigas, e dar origem a um sentimento de fracasso tanto na relação afetiva quanto em outras áreas. Esse ressentimento por vezes cresce, e pode acabar se transformando em rancor.

Uma causa frequente destas desavenças é nossa tendência de julgar nossos próprios atos de forma diferente da que julgamos atos idênticos do ente querido. Uma resposta curta e sem interesse dirigida a nós será interpretada como demonstrando, e mesmo confirmando, a má personalidade do outro e o pouco caso que tem por nós. No entanto, se formos nós a darmos exatamente a mesma resposta com o mesmo tom, diremos que isso foi devido a estarmos ocupados no momento ou por qualquer outra razão (que encontraremos sem dificuldade). Podemos formular essa distinção em termos de *ser* (ela sempre é ríspida) e *estar* (fui ríspido porque *estava* ocupado). Nossa tendência é de minimizar ou mesmo ignorar as condições externas que possam ter influenciado os atos indelicados do outro, e ao mesmo tempo usar essas mesmas condições como atenuantes para os nossos. Curiosamente, essa dissonância não nos causa espanto mesmo quando refletimos sobre ela mais tarde. Tendemos sempre a achar que nossos problemas justificavam nossas atitudes mais do que os do outro.

Essa assimetria na atribuição das causas é tão importante e difundida que em psicologia tem o nome de "Erro Fundamental de Atribuição". Em termos menos científicos, é conhecida como "Pimenta nos olhos do outro é refresco", e se encontra na origem de um grande número de conflitos individuais.

Essa mesma armadilha pode também ser observada nas relações entre povos. Assim, em situações de conflito armado, as nações envolvidas caracterizam as mortes causadas pelo inimigo como sendo bárbaras e reveladoras de um profundo descaso com inocentes, ao passo que aquelas devidas às próprias ações são justificadas em termos de pura autodefesa, quando não simplesmente ignoradas. Como no caso das relações pessoais, o inimigo é descrito por características intrínsecas e permanentes, ao passo que os nossos atos são atribuídos a circunstâncias externas ou passageiras. Não é, aliás, muito diferente do mecanismo mental que leva ao nascimento do racismo e das demais atitudes preconceituosas.

Uma das razões pelas quais essa armadilha está tão arraigada em nós é a aparente facilidade em "explicar" o comportamento do outro em termos do que ele é internamente, como um atributo imutável. Uma vez que "ser" internamente não é algo que possamos observar ou medir, é tentador simplesmente postularmos o que acreditamos sem maiores preocupações em lastrear esse julgamento com fatos. Por outro lado, explicações em termos das complexas e interligadas ações de fatores externos requereriam maior análise e mais tempo, que normalmente não *temos* ou não *queremos dar*.

E há uma boa razão para isso: mesmo uma análise mais aprofundada seria pouco conclusiva, pois há um limite no quanto de nossos atos podemos explicar como sendo consequência direta de fatores externos. Excluindo atos involuntários (como afastar rapidamente a mão ao tocar em algo quente), as condições externas afetam diferentes pessoas de diferentes formas, e isso pode por sua vez ser visto como "atributos de personalidade".

Por exemplo, podemos dizer: "Ela foi ríspida comigo por causa do engarrafamento que acabou de enfrentar." Mas sabemos que há pessoas que conseguem manter-se gentis mesmo após terem enfrentado um péssimo congestionamento e, portanto, essa frase pode ser reformulada como: "Ela é uma pessoa que responde de forma ríspida quando tem um dia ruim." As condições externas podem, assim, ser meras justificativas a posteriori de uma ação gerada internamente. Ou, de outra forma, essa pessoa teria falado rispidamente ainda que o dia lhe houvesse corrido maravilhosamente, e não faltariam "razões" externas às quais atribuir o tom de sua voz.

Quando identificamos o que julgamos serem características intrínsecas e imutáveis no outro, acreditamos poder prever suas atitudes, independentemente das circunstâncias. Isso naturalmente seria uma ferramenta extremamente útil. Uma vez classificada a pessoa como "ríspida", sabemos, ou julgamos saber, como ela irá responder se lhe fizermos uma ingênua pergunta e podemos nos preparar de acordo. O mais rápido que consigamos passar da avaliação "ela *está* sendo ríspida" ao julgamento "ela é ríspida", mais rápida será essa preparação. Esse atalho de julgamento nos permite assim criar regras simples para interações.

A situação é radicalmente diferente quando avaliamos nossas próprias ações. Neste caso, a análise das circunstâncias parece bem mais fácil, porque conhecemos os fatos externos com abundância de detalhes, e entre eles encontraremos os que mais convincentemente explicam nossas atitudes. Se respondemos rispidamente a alguém, não teria sido apenas devido ao trânsito que acabamos de enfrentar, mas a toda a sequência de eventos que fizeram desse um dia especialmente ruim para nós, e os eventos dos dias anteriores que fizeram ser essa uma péssima semana, sem contar com as ações passadas de nosso interlocutor, que nos fornecem razões mais do que suficientes para estarmos impacientes. Além disso, devido a nossa tendência de procurar consistência e lógica em nosso comportamento, estamos sempre buscando e encontrando justificativas externas ao que talvez seja uma característica inerente nossa.

A BUSCA DA COERÊNCIA

A busca por consistência em nossas ações e nossa tendência em tentar conciliar nossa narrativa com nossos atos podem levar a outra armadilha bem conhecida, que igualmente nos induz a erros e fracassos: a tendência de valorizarmos argumentos que colaboram com nossa opinião já formada e minimizarmos os que a contradizem. Em psicologia esse fenômeno é conhecido como *viés de confirmação*. Ou, como o filósofo Francis Bacon, já no século XVII, dizia: "O conhecimento humano, uma vez adotada uma opinião, junta todas as instâncias que a confirmam e, mesmo que as instâncias opostas possam ser mais numerosas e ter maior peso, não as nota nem as rejeita, para que sua opinião permaneça firme."[44]

Assim, uma vez que concluímos que nosso cônjuge é desorganizado, cada incidente em que o mesmo deixe algo fora do lugar será registrado e adicionado à lista de evidências incriminadoras, ao passo que instâncias em que sua organização se manifesta são ignoradas. Se concluímos que é agressivo, qualquer alteração de voz corroborará para essa opinião. E se o julgarmos preguiçoso, todo repouso, por mais merecido que seja, será visto como fuga do esforço. Nesta contabilidade de falsas somas, esse cônjuge só pode perder, ou, na melhor das hipóteses, manter o julgamento negativo original.

Aqui também é fácil entender o atrativo da armadilha da confirmação dos a priori: ela permite rápida análise e rápido julgamento, facilitando as inúmeros decisões e posturas que devemos tomar diariamente. Não é por outro motivo que se costuma dizer que "a primeira impressão é a que fica". O grande problema é que muitas vezes a impressão original a partir da qual as subsequentes serão geradas pode ter sido errada. Tentaremos sempre classificar as ações posteriores da pessoa em questão como "confirma" ou "não confirma". E quanto mais "confirma" encontramos, menos inclinados estaremos a sequer considerar a possibilidade de a impressão inicial ter sido equivocada. Quantos casamentos começaram com um encontro em que uma das partes causou uma péssima impressão? E quantas vezes não acabamos por dizer "até que não é tão ruim..."?

Essa armadilha é sedutora por atender à tendência humana em buscar a previsibilidade, o que é fácil de entender: a possibilidade de prever um acontecimento é extremamente útil, tranquilizadora e confortável. O desejo de prever vai desde antecipar chuva ou sol até os comportamentos dos outros. Vimos as dificuldades e mesmo a impossibilidade de prever os primeiros, que é ainda maior nos últimos. Apesar disso, alguém que se comporta de uma forma "imprevista" nos causa certo aborrecimento, como se fosse de fato possível existir uma previsibilidade. Desejamos que as pessoas com quem interagimos ajam de acordo com nossa expectativa, e nos irritamos quando procedem de maneira inesperada.

Essa tendência a buscar confirmações é observada não só em incidentes da vida pessoal, mas também em situações nas quais esperaríamos que a emoção não desempenhasse papel algum, como por exemplo em pesquisas científicas. A postura ideal numa investigação científica é a de buscar a verdade independentemente de onde acreditamos que esteja. No entanto, por serem humanos, os cientistas acabam vítimas destas armadilhas, apesar de uma vida de treino em evitá-las. Isso ocorre não apenas devido à conhecida pressão para multiplicarem suas publicações, mas também pela genuína crença de que suas hipóteses são verdadeiras e a consequente ansiedade em achar elementos que as validem.

Podem-se entender as motivações envolvidas: a intuição ou a crença de saber a resposta é muitas vezes o que motiva o cientista a buscar o caminho de demonstrá-la. Colombo colocou as caravelas no mar por acreditar que o mundo era redondo. É comum o cientista "ver" a resposta diante de si e a pesquisa ser apenas uma forma de confirmá-la. Contudo, quando a inspiração é substituída pela crença, esta pode afetar a imparcialidade, influenciar a análise dos dados e conduzir a resultados falsos. Da mesma forma, quando reforçamos as crenças sobre o comportamento dos outros através do acúmulo de confirmações seletivas, podemos ser levados a erros com graves consequências. Mudar nossa opinião a meio caminho seria admitir que todas as conclusões até então estavam equivocadas, que muitos de nossos julgamentos foram errados, e que ações baseadas nestes julgamentos foram precipitadas. Muitas vezes nem sequer admitimos essa possibilidade, o que leva à questão da dificuldade de "assumir os prejuízos" e abandonar uma postura equivocada.

PERDIDO, PERDIDO E MEIO

Com o progresso da internet, a multiplicação de sites de leilões virtuais, e a correspondente facilitação de comércio, hoje é possível com pouco esforço, comprar-se um produto, cujo preço anunciado é 100$, por apenas... 300$. Como é possível isso, e por que pessoas razoáveis pagariam, voluntariamente, tal preço? Para entender esse comportamento aparentemente ilógico, vejamos como funcionam os chamados *penny-auctions*, leilões de centavos.[45]

Como em todo leilão, os participantes oferecem valores cada vez mais altos, e vence aquele com o maior lance. A grande diferença é que, no caso dos *penny-auctions*, os participantes pagam cada vez que submetem os lances. Assim, suponhamos que um artigo valha 100$, e o leilão comece em 1$. Qualquer participante pode aumentar esse valor, oferecendo, por exemplo, 2$, desde que pague imediatamente essa quantia. Caso ninguém ofereça valor maior, esse será o lance vitorioso e o feliz comprador terá adquirido uma mercadoria de 100$ por apenas 2$. Mas, neste momento, outro participante provavelmente achará que mesmo 3$ ainda seria um preço excelente, e assim veremos lances de 3$, 4$ e assim por diante. Note-se que cada uma destas ofertas é uma pequena loteria, pois, ao contrário de um leilão comum, o participante paga sem saber se receberá a mercadoria: embora a cada lance o participante esteja apostando um valor mais elevado, a esperança é que os outros participantes se assustem com o valor crescente e abandonem a competição. Isso realmente acontece, e proporciona um lucro grande e imediato ao site de leilões, que coleta antecipadamente os lances de todos que desistem.

Os participantes que permanecem, porém, se encontram agora diante de uma escolha que se torna mais difícil a cada lance. Suponhamos que no nosso exemplo os lances tenham subido e o último valor ofertado tenha sido 90$. Isso significa que o participante que ofereceu (e pagou!) 89$ tem duas escolhas: pode neste momento abandonar o leilão, e com isso dar adeus a seus 89$, ou aumentar o lance, tentando afastar os competidores e realizar a compra. E ainda que o lance atinja os 100$ que vale a mercadoria, ou mesmo o ultrapasse, vale a mesma lógica: a escolha é entre dar por perdida a totalidade do valor empatado ou reduzir o prejuízo adquirindo a mercadoria. Como a cada lance o valor é imediatamente perdido, para todos os efeitos o participante pode racionalmente considerar o próximo lance como um novo leilão, em que novamente tem a chance de adquirir a mercadoria de 100$ por apenas 1$. E, seguindo essa lógica, o "vencedor" pode assim acabar pagando muito acima do valor da mercadoria. Restará sempre o consolo de que o segundo colocado pagou praticamente o mesmo valor e nem sequer levou a mercadoria...

Longe de ser uma simulação gerada em algum laboratório de psicologia, esses leilões existem de fato, gerando muitos felizes compradores que adquirem produtos por uma fração de seu valor e ainda muitos mais infelizes perdedores que pagam e nada levam. Esses leilões ilustram uma classe de erros que cometemos nos mais diferentes contextos, que podemos chamar de *viés do fundo perdido*. Como exemplos dessa classe podemos citar obras públicas que excedem em muito o orçamento inicial, casamentos que se prolongam além do devido, intervenções militares que se transformam em grandes guerras, compras de ações de uma empresa à medida que seu preço diminui etc. Quanto a esse último comportamento, aliás, vale a advertência frequentemente ouvida entre os corretores de ações: "O menor prejuízo é o primeiro."

Ao contrário do que poderíamos chamar de "erros por distração", o erro por comprometimento ocorre após uma análise racional dos fatos. Infelizmente, a análise que fazemos pode ser contaminada por armadilhas que nossa razão nos prepara sem que percebamos, e que estão de tal forma entranhadas em nossa lógica que nos negamos a vê-las, mesmo quando confrontados com fatos.

Por exemplo, suponhamos que um governo tenha orçado em 10 milhões de reais a construção de uma ponte de 1.000 metros. Quando a construção atinge a marca de 800 metros, verifica-se que todo o dinheiro do orçamento já foi usado. A autoridade púbica agora deve optar ou por deixar a obra inacabada, aceitando uma perda de 10 milhões de reais, ou aprovar um gasto extra de 2 milhões e concluir a obra. Geralmente a segunda opção é a escolhida, porque oferece a chance de "salvar" os 10 milhões investidos inicialmente. Infelizmente, os 200 metros restantes podem também encontrar inesperadas dificuldades, levando a um novo aumento no orçamento, e assim por diante.

Essa situação está longe de ser um exercício teórico. O famoso avião Concorde e a Ópera de Sydney são exemplos bem conhecidos de obras que acabaram custando mais de dez vezes o orçamento inicial. O custo das Olimpíadas nos últimos 30 anos tem sido em média o dobro do orçado, e casos de obras que acabaram custando até 50 vezes mais do que orçado não são raros.[46]

À primeira vista, a decisão de terminar um projeto, ainda que acima do custo, pareceria a conclusão mais racional, pois a alternativa seria perder todo o dinheiro investido. A falha desse raciocínio, porém, está em que não há garantias de que a segunda injeção de recursos vá de fato resultar na conclusão da obra. Como no caso dos *penny-auctions*, o investimento na obra, ou no casamento, prossegue, sem termos certeza de onde nos levará. O que está em jogo nestes exemplos é nossa tendência de ter apego a investimentos passados e tentar recuperá-los a custos irracionais, em vez de aceitarmos nossos erros.*

QUANDO PERDER VALE MAIS DO QUE GANHAR

Além do viés do fundo perdido há outra armadilha atrapalhando nossas decisões quando temos que decidir se seguimos com um investimento: nossa percepção assimétrica entre ganho e perda. Ou seja, a dor da perda de um objeto nos mobiliza mais do que o prazer que temos quando o adquirimos. Essa ideia foi demons-

---

*No caso das obras públicas, uma rara exceção a essa regra foi a construção do acelerador supercondutor de partículas (SSC) nos Estados Unidos, planejado para ser o maior do mundo, com um orçamento inicial de 4,4 bilhões de dólares. Sete anos depois, o custo projetado já estava em 12 bilhões, e tomou-se a difícil decisão de abandonar totalmente o projeto, apesar da gigantesca escala das obras já realizadas.

trada nos anos 1970 pelos psicólogos israelenses Daniel Kahneman e Amos Tversky em uma série de experiências,[47] e representou um enorme passo na compreensão das motivações envolvidas em decisões das mais diversas.* Numa destas experiências, pediu-se aos participantes que escolhessem entre as seguintes alternativas:

Opção A: Ganhar 1.000$ sem risco algum.
Opção B: Ganhar 2.500$ com 50% de chance, ou não ganhar nada com 50% de chance.

Embora a alternativa B em *média* resulte em 1.250$,** portanto um ganho maior do que a alternativa A, muitos dos participantes escolheram a A simplesmente porque os 250$ de diferença não compensariam o risco que a B oferece (na opção B, o participante tem 50% de chance de não ganhar nada). Essa é uma decisão racional, baseada no perfil de "aversão ao risco" de cada um.

Os pesquisadores deram, porém, um passo além, e pediram às pessoas que escolheram a alternativa B para escolher entre as seguintes alternativas:

Opção C: Perder 1.000$ com certeza.
Opção D: Perder 2.500$ ou nada, com 50% de chance cada.

As alternativas C e D são absolutamente simétricas às escolhas A e B, diferindo apenas por termos substituído a palavra

---
* Kahneman recebeu o Nobel de Economia por suas ideias e aplicações, distinção rara para trabalhos realizados na área da psicologia.
** O "valor esperado" dessa aposta é 50%x2.500 + 50%x0, que é igual a 1.250.

"ganhar" por "perder". No caso D, o valor que se espera em média são os mesmos 1.250$ que em B. No entanto, enquanto no caso do ganho os participantes escolhiam na maior parte a opção A (retorno menor e risco menor), no caso da perda os participantes escolhiam o caso D, aceitando o risco da perda maior de 2.500$, para evitar o sofrimento de uma perda menor, porém certa.

O que essa experiência e várias semelhantes demonstraram foi que as decisões econômicas são baseadas na percepção subjetiva do risco, não no cálculo matemático do retorno da operação. No caso do leilão virtual, a perspectiva de perder o investimento dos lances é dolorosa o suficiente para guiar nossa decisão de continuarmos no leilão. Há vários exemplos similares em produtos financeiros que adquirimos. Na indústria de seguros, por exemplo, encontramos frequentemente apólices cujos preços são deturpados por essa nossa percepção assimétrica. Nestes casos, o risco da perda é superestimado pelo comprador e excede em muito o que uma análise de probabilidades indicaria.

Podemos nos perguntar quantas de nossas experiências cotidianas não são igualmente afetadas por esse efeito. E podemos nos perguntar também se, ao menos no caso de decisões não econômicas, essa assimetria entre percepção do ganho e da perda seria de fato um erro. Ou, da mesma forma, se seria um erro nossas decisões serem afetadas pelo viés do fundo perdido.

Por exemplo, seria um erro de fundo perdido insistir em salvar um casamento, pelo tanto de investimento emocional já feito? Seria um erro de assimetria não apresentar um projeto ao chefe, com grande probabilidade de se obter uma promoção, para não correr o pequeno risco de o mesmo fracassar e levar a nossa demissão? Se essas opções refletem uma preferência real, baseada em nossa experiência de dor e prazer, não deveriam, ao contrário, ser levadas em conta e seguidas?

Um obstáculo à aplicação dessas interpretações é que, ao contrário das escolhas simples que são colocadas aos participantes de simulações psicológicas, as situações na vida são bem mais complexas e na maioria das vezes não quantificadas, ou sequer passíveis de análise independente. Assim, mais do que um conjunto de regras estratégicas que nos ajudem a evitar o fracasso, essa análise oferece um instrumento para tentar compreender a situação real, sugerir questões pertinentes às quais talvez estejamos fechados, e propor diferentes formas de abordar o problema.

A CULPA É DOS PAIS

Essas perguntas, e em particular a influência dos genes em nossa personalidade, têm sido abordadas por diferentes grupos de pesquisa, utilizando diferentes técnicas. Um dos métodos mais promissores para tentar separar as causas genéticas das causas ambientais é o estudo de gêmeos. Gêmeos perfeitos (monozigóticos) são originados de um mesmo óvulo e de um mesmo espermatozoide, portanto possuem exatamente o mesmo código genético. Dessa forma, nestes gêmeos as diferenças de personalidade seriam devidas a fatores não genéticos. Por outro lado, gêmeos fraternos (dizigóticos) compartilham apenas metade dos genes, e diferenças de personalidade podem ser atribuídas aos genes não compartilhados. Utilizando-se métodos estatísticos sofisticados, é possível determinar até que ponto diferenças de personalidade se devem aos genes.

O Centro de Pesquisa de Gêmeos da Universidade de Minnesota, nos Estados Unidos, há mais de trinta anos vem coletando e analisando dados de mais de oito mil gêmeos do mundo inteiro, num esforço por compreender os determinantes da personalidade. Um método em particular tem se mostrado altamente eficaz: o estudo de gêmeos idênticos que foram separados no nascimento, geralmente por adoção.[48] Estes gêmeos possuem idênticas heranças genéticas, mas são expostos a diferentes ambientes e influências em seus novos lares, e isso os afeta de maneiras distintas. Dessa forma, pode-se procurar identificar traços comuns de personalidade e, através de métodos estatísticos, associá-los a fatores genéticos.

Nestes estudos, o passo inicial é obter uma aferição dos principais traços de personalidade. Essa não é uma tarefa simples, pois avaliações de terceiros nem sempre são precisas ou consistentes, e, portanto, o método geralmente utilizado é o de autoaferição. Isso é feito através de um questionário com perguntas simples, que tentam avaliar a predominância de certos traços. Exemplos dessas perguntas são: "Fico estressado facilmente", "Sinto-me confortável com outras pessoas", "Presto atenção a detalhes", "Insulto pessoas" etc., e os participantes se dão notas numa escala de 1 a 10.

O que se observou com esses testes é que os gêmeos idênticos separados, apesar de terem crescido em ambientes muito diferentes, apresentam personalidades surpreendentemente parecidas. Em um caso extremo, dois gêmeos separados com quatro semanas e reunidos apenas 40 anos depois tinham não apenas os mesmos traços de personalidade, mas ainda exerciam a mesma profissão e praticavam o mesmo hobby, tinham o mesmo histórico de casamentos fracassados e, incrivelmente, fumavam a mesma marca de cigarro.

Num outro caso peculiar, um par de gêmeos separados aos seis meses em Trinidad tiveram destinos completamente opostos: um deles cresceu católico na Alemanha nazista, e uniu-se à juventude hitlerista. O outro permaneceu no Caribe, cresceu como judeu e veio a morar em Israel. Cinquenta anos depois, foram reunidos pelo projeto da Universidade de Minnesota e descobriram que, além de compartilharem traços de personalidade, usavam o mesmo tipo de roupa, gostavam da mesma comida e das mesmas bebidas, e compartilhavam hábitos peculiares como dar a descarga no vaso sanitário antes e depois de usá-lo, amarrar pulseiras de elástico nos punhos ou espirrar alto em situações de silêncio desconfortável.

De modo geral, a correlação observada entre traços de personalidade e herança genética foi de aproximadamente 50%, e essa herança se manifesta em traços como ambição, otimismo, agressão, conservadorismo e até mesmo religiosidade. Por outro lado, a correlação com influências do lar, professores, ou amigos é substancialmente menor.

UMA NOTA DE CAUTELA

Neste ponto convém perguntarmo-nos qual o significado exato dessa correlação de 50%, e se as coincidências extremas nos dois casos mencionados acima não seriam apenas... coincidências.

A palavra *correlação* tem uma definição matemática precisa em estatística, mas seu significado básico é simples: duas quantidades são correlacionadas quando aumentam ou diminuem juntas. Por exemplo, quanto mais dias de sol, mais dias você irá à praia. Se você for à praia exatamente todos os dias de sol, e em nenhum outro, dizemos que a correlação é perfeita, ou 100%. Essa correlação pode também ser negativa. Se, por uma estranha preferência, você gostar de ir à praia exatamente nos dias em que não faz sol, e nunca nos dias ensolarados, dizemos que há uma correlação negativa, igual a -100%. Finalmente, se você for à praia sem sequer considerar se faz ou não sol, não há correlação alguma, e dizemos que esta é zero. Uma correlação de 50%, por outro lado, significa que metade das diferenças de personalidades entre os gêmeos podem ser descritas em termos das diferenças genéticas.

A definição matemática de correlação foi introduzida por Francis Galton, que viveu no século XIX e realizou importantes trabalhos justamente sobre a influência da hereditariedade na personalidade. À época, os dados disponíveis eram muito limitados, e Galton elaborou uma lista de pessoas de reconhecido sucesso e seus descendentes. Analisando essa lista, ele mostrou, por exemplo, que a proporção de pessoas eminentes era maior entre aqueles que descendiam de pessoas eminentes do que do resto da população, e que essa proporção diminuía nas gerações posteriores.[49] Galton reconheceu a dificuldade de separar os efeitos genéticos dos de formação e cunhou a famosa expressão "*Nature vs Nurture*" [Inato *vs.* Adquirido]. O próprio Galton sugeriu que se usasse no futuro o estudo de gêmeos como método eficiente para essa distinção.

Um ponto significativo nesta discussão e nos estudos de gêmeos da Universidade de Minesotta é que *correlação* não significa *causalidade*. Por exemplo, em cada ano o número de sorvetes vendidos tem alta correlação com o número de doentes mentais internados, mas isso significa apenas que tanto o número de sorvetes como o número de doentes mentais aumentam a cada ano, devido ao aumento da população; não que sorvete provoque problemas mentais (embora essa hipótese seja possível). Outro exemplo até mais simples é a chamada "Teoria dos dois relógios", inventada por um discípulo de Descartes chamado Geulincx. Imagine dois relógios perfeitamente sincronizados: sempre que um deles indica uma dada hora, o outro indica a mesma coisa. A correlação é perfeita, mas isso não significa que um relógio causa o movimento do outro.

Assim, a correlação observada entre personalidade e genética pode, em princípio, ser devida a um fator externo que afeta ambos; não significa, necessariamente, que um provoca o outro. Da mesma forma, devemos notar que os casos extremos de coincidências nas vidas dos gêmeos separados são desvios que estatisticamente podem ocorrer mesmo em não gêmeos, assim como ocorrem casos extremos de gêmeos sem nenhum traço comum de personalidade. O que tem importância neste estudo não são os casos extremos em si, mas sim a dispersão dos resultados, ou seja: o quanto os resultados se afastam de uma tendência central.

Há outros cuidados a serem tomados ao interpretar esses resultados. Em primeiro lugar, ao contrário de notícias sensacionalistas por vezes publicadas, não existem genes específicos associados a determinados traços de personalidade. Mesmo a depressão, que estudos mostram ter significativa correlação com fatores genéticos, não se deve unicamente a genes específicos, ou ao menos estes não foram identificados até hoje. Genes fabricam proteínas que contribuem em processos químicos, e estes desempenham um papel em processos neurológicos complexos. Além das centenas de genes associados a cada processo, é crucial o efeito do ambiente, podendo ativar ou não determinados genes. O que as investigações discutidas examinam é a correlação entre traços de personalidade e fatores genéticos em geral, sem atribuição a genes específicos, pelo menos por enquanto.

Por outro lado, a técnica e as suposições utilizadas nos estudos narrados acima apresentam certos desafios.[50] Por exemplo, embora crescidos no mesmo lar, gêmeos podem ter recebido tratamentos diferenciados. Também podem ter sido tratados de forma semelhante por amigos, professores e outros, o que resultaria em efeitos semelhantes na personalidade, independentemente de terem a mesma herança genética. Outra suposição utilizada na análise é que em um casal os cônjuges têm geralmente personalidades diferentes. No entanto, se houver uma tendência de pessoas se casarem com outras de mesma personalidade, os gêmeos fraternos teriam herança genética maior do que os 50% supostos, devido a genes comuns dos pais. Isso alteraria substancialmente os resultados.

Além disso, no caso dos gêmeos separados ao nascimento, a idade média na separação é de 8 meses, e por isso os gêmeos tiveram mais interação com o lar comum do que geralmente se supõe, com evidentes efeitos. Finalmente, outra dificuldade é que, como mencionamos, a interação de fatores externos com os genes é importante, podendo ativá-los ou não. Por exemplo, mães que deram filhos para adoção geralmente estão vivendo situações tensas, o que se reflete na quantidade de receptores de dopamina presentes no útero e estimula genes ligados à agressividade.

Todos esses questionamentos têm grande influência no resultado e na interpretação dos resultados. Cada uma dessas perguntas motivou outras análises, utilizando técnicas estatísticas mais avançadas que levam em conta esses efeitos, e esses novos resultados por sua vez foram sujeitos a outras restrições e dificuldades. Os resultados existentes até hoje parecem apontar no sentido de haver uma correlação entre genes e personalidade, mas a real magnitude dessa correlação ainda está sendo investigada.

Que consequências práticas têm esses resultados na vida do fracassado? Uma delas seria retirar do âmbito de sua "responsabilidade" todos os erros e fracassos devidos a sua personalidade, ou ao menos a parcela ditada pelos genes. Que grande alívio poder atribuir nossos fracassos ao DNA, ou em última análise aos pais! Que enorme satisfação poder dizer "Não é culpa minha!". A conscientização do enorme papel dos genes em nossos comportamentos (e em particular naqueles que levam ao fracasso) pode ser usada tanto para minimizar a dor, pela compreensão do que podemos ou não podemos alterar, quanto para exacerbá-la, pela admissão de nossa profunda impotência em mudar.

13
NÓS E O OUTRO

Além dos fatores já discutidos, existe outro aspecto determinante em nossas vitórias e derrotas: o de como nossas decisões afetam e são afetadas por decisões dos outros. A maior parte de nossas lutas envolve interação com outras pessoas. Basta um minuto de reflexão para nos convencermos disso: conseguir ou não avançar na carreira, fracassar no casamento, nos negócios, nas finanças...

É quando colaboramos ou competimos com outros que toda a complexidade dos determinantes de nosso fracasso ou sucesso se manifesta. Porque agora não apenas somos afetados pelas condições causadas por agentes externos; nós também *afetamos* esses mesmos agentes de volta. Esses por sua vez reagirão à nossa reação, e assim por diante. Muitas vezes podemos antecipar a reação do outro a nossas decisões (ou ao menos assim cremos); o outro, por sua vez, sabe que antecipamos suas reações, reinterpreta nossas decisões, e como consequência age de forma diferente do que antecipamos – e esse quadro torna a situação ainda mais complexa.

A Bíblia conta uma história protagonizada pelo rei Salomão, diante da tarefa de identificar a verdadeira mãe de um bebê disputado por duas mulheres. O rei, sabiamente, reconheceu a mãe através do gesto altruísta de preferir ver o filho vivo nas mãos de outra mulher do que morto em seus braços. Podemos nos perguntar, porém, se não teria a mulher, ciente da grande sabedoria do rei, simulado o grito desesperado visando estimular exatamente esse julgamento. E sendo o rei realmente tão sábio, poderia antecipar que a mulher estivesse simulando, e recusar-lhe a criança. Mas por ser *realmente* sábio, poderia talvez antecipar que a mulher saberia que ele teria tal raciocínio e, portanto, tendo de toda forma oferecido a criança, era de fato a mãe verdadeira.* *A menos que...*

Outro exemplo é o da anedota judaica de dois negociantes numa estação de trem. "Aonde você está indo?", pergunta um dos homens. "A Minsk", responde o outro. "A Minsk? Que cara de pau a sua. Você está me dizendo que vai a Minsk porque quer que eu pense que vai a Pinsk. Mas acontece que por acaso eu sei que você vai a Minsk. Então por que está tentando me enganar?"

Como se vê, esses cálculos e contracálculos rapidamente se tornam complicados, levando a um impasse e dificultando enormemente nossas decisões mais simples. Um exemplo clássico desses impasses é o chamado "Dilema do Prisioneiro".

O DILEMA DO PRISIONEIRO

Em sua forma mais simples, o dilema surge quando dois parceiros suspeitos de um crime, chamemo-los Alberto e Boris, são presos, e a promotoria lhes oferece um acordo:**

---

*Incidentalmente, nada no texto original indica claramente a qual mulher o rei entregou a criança.
**Esse tipo de acordo não é muito diferente dos celebrados na Justiça, chamados de "delação premiada", cujo nome jurídico é "colaboração premiada" — provavelmente para tirar a impressão negativa da palavra *delação*.

a) Se apenas um deles delatar o cúmplice, será posto em liberdade, ao passo que o outro cumprirá pena de cinco anos.
b) Se ambos delatarem um ao outro, cada um terá uma sentença de três anos.
c) Se nenhum delatar o outro, cada um receberá pena de um ano.

	BORIS FIEL	**BORIS DELATA**
ALBERTO FIEL	Ambos condenados a um ano.	Alberto condenado a cinco anos. Boris livre.
ALBERTO DELATA	Boris condenado a cinco anos. Alberto livre.	Ambos condenados a três anos.

Tabela 13.1: Dilema do Prisioneiro: Cada preso pode sair livre ou ser condenado a um, três ou cinco anos, dependendo da escolha que faz.

Alberto e Boris se encontram em celas separadas, e assim um ignora a decisão do outro. Além disso, para tornar o problema mais simples, supõe-se que não terão outra recompensa ou punição além dessas. Ou seja, ninguém estará esperando o denunciador à porta da cadeia para se vingar, tampouco receberá aplausos aquele que se cala.

Do ponto de vista puramente lógico, a decisão é fácil. Vejamos pela ótica de Alberto. Caso se cale, há duas possibilidades:

Alternativa 1: Boris também decide se calar (e assim ambos recebem pena de um ano, conforme a regra "c" do acordo).
Alternativa 2: Boris o denuncia (e Alberto recebe pena de cinco anos, conforme a regra "a").

Por outro lado, se Alberto optar pela denúncia, as correspondentes alternativas passam a ser:

Alternativa 3: Boris se cala (e Alberto escapa livre, regra "a").
Alternativa 4: Boris também denuncia (e Alberto recebe pena de três anos, regra "b").

Assim, quer Boris se cale ou denuncie, Alberto sempre sairá ganhando se optar pela denúncia, já que sair livre é melhor do que um ano de prisão, e três anos são melhores do que cinco.

Naturalmente, a mesma lógica vale pare Boris. Como consequência, a solução racional do problema é ambos denunciarem, o que resultará em pena de três anos para os dois. Infeliz desfecho (se estivermos "torcendo" pelo bandido), já que poderiam ambos escapar com a pena bem mais leve de um ano, caso tivessem optado pelo silêncio.

O surpreendente nesta história é que, ao usar a lógica e antecipar o comportamento do outro, cada um atinge um resultado pior do que produziria a confiança mútua. Alberto não estava errado em suas considerações, e mesmo escaparia livre, não tivesse Boris seguido a mesmíssima lógica. A única via para escapar dessa lógica circular seria ambos serem forçados a se ater a um código de honra e manterem-se em silêncio. Mas isso só ocorre se houver uma autoridade maior que imponha, de forma absoluta, um comportamento aparentemente altruísta a ambas as partes, e cada uma souber que a outra irá obedecer. Essa autoridade pode ser por exemplo a gangue a que pertencem os criminosos, o Estado, ou uma autoridade moral ou religiosa, como na máxima "Faça aos outros o que deseje que façam a ti".

A situação é semelhante à que encontramos no mundo de negócios. Por exemplo, companhias que decidem cartelizar um mercado, prefixando preços não competitivos, podem ser vítimas de raciocínios semelhantes. A primeira empresa que trair o acordo, diminuindo o preço, conquistará o mercado. Foi o que aconteceu com as companhias aéreas americanas na década de 1970. Quando se permitiu às empresas firmarem seus próprios preços, algumas delas "traíram o pacto", reduziram drasticamente o preço e conquistaram grande parcela do mercado. As outras, para não perderem clientes, foram forçadas igualmente a baixar o preço, com grande queda nos lucros. A consequência foi que o setor teve péssimo desempenho durante os trinta anos que se seguiram à chamada *deregulation*, apesar de cada companhia ter perseguido estritamente seu interesse. É verdade que a sociedade como um todo talvez tenha se beneficiado com a queda de preços (assim como talvez tenha sido melhor os criminosos não terem saído ilesos no exemplo anterior), mas do ponto de vista individual, a estratégia adotada foi malograda.

TEORIA DOS JOGOS

Esses exemplos de decisões baseadas na antecipação da decisão do outro são casos particulares do que é chamado Teoria dos Jogos. O Dilema do Prisioneiro é a ilustração mais clara dessa questão. No exemplo citado do cartel, cabe uma observação: se uma das firmas baixa os preços para se tornar mais competitiva, estará simplesmente seguindo as regras do mercado. Se, porém, baixa os preços em antecipação ao que julga que a outra fará, temos um exemplo de Teoria dos Jogos.

A simplicidade do problema exposto pelo Dilema do Prisioneiro tem levado a interpretações e aplicações das mais variadas, da política internacional à relação de casais, de estratégia militar a batalhas de marketing. Contudo, essa simplicidade pode ocultar complexidades dos casos mais realistas do cotidiano. Uma dessas complexidades vem do fato de que na vida real as competições, colaborações e traições são processos que envolvem sucessivas interações ao longo do tempo, e não uma apenas como no Dilema do Prisioneiro. Indivíduos ou empresas passam por vários ciclos de colaboração, confiança, traição e retribuição, e cada uma dessas ações afeta a resposta do outro. Por exemplo, nos casos de delações premiadas envolvendo empresários ou políticos, esses poderão levar em conta possíveis reviravoltas de governo, o que torna o cálculo bem mais complicado.

Outro efeito não descrito na versão mais simples do Dilema do Prisioneiro, mas frequentemente encontrado na vida, é o da má interpretação. Uma das partes julga erroneamente que a outra a traiu, e modifica seu comportamento como consequência. Pode-se generalizar a formulação do dilema para incorporar estes e outros efeitos, o que é feito mais facilmente através de programas de computador. Nos Estados Unidos, todo ano é realizada uma competição em que centenas de estrategistas de todo o mundo "lutam", através de sofisticados programas, para determinar a estratégia que lhes garanta o melhor resultado (menor pena, no caso do Dilema do Prisioneiro). Surpreendentemente, o melhor resultado tem sido apresentado por um programa extremamente simples, que apenas reproduz a lei de talião ("olho por olho, dente por dente"). É curioso que essa solução já tenha sido encontrada há mais de 2000 anos![51]

Nas versões mais sofisticadas do programa, também evocando um tom bíblico, há um componente de "perdão" que oferece uma "segunda chance" ao oponente que trai, o que resulta em maior taxa de sobrevivência. Nessa estratégia, uma primeira traição não é retribuída com reação simétrica. Continua-se a interagir com o oponente, como se nada houvesse ocorrido, esperando que ele modifique seu comportamento.

Por mais interessante que sejam esses resultados, não se deve perder de vista que são apenas modelos matemáticos para comportamentos humanos, e como tais necessariamente limitados. O fato de que incorporar o "perdão" numa simulação numérica do Dilema do Prisioneiro melhore as chances de vitória não implica, necessariamente, que esse comportamento será benéfico na vida real, nem indica que o perdão tenha se desenvolvido na espécie humana por mecanismo de evolução. Por outro lado, o fato de esses resultados inesperados ou mesmo contraintuitivos resultarem de experimentos relativamente simples nos sugere novas estratégias ao abordar situações análogas na vida, e esse é um dos interesses da Teoria dos Jogos. Em particular, esses modelos simples podem ajudar o fracassado a compreender melhor erros de avaliação e estratégia que esteja cometendo, e talvez sugerir alternativas para situações comumente enfrentadas na vida (imaginando que nunca necessite escapar da prisão, com ou sem delação).

PERDÃO

Vimos ao longo deste livro como o fracasso permeia nossas vidas, e o sofrimento que pode nos causar. Vimos também como, de certa forma, o fracasso é inevitável. Assim, uma questão importante é como podemos evitar, ou ao menos diminuir, o sofrimento que o sentimento de fracasso nos causa. Para isso, precisamos antes decidir se de fato *queremos* evitar esse sofrimento. Embora a princípio pareça evidente que todo sofrimento é indesejável, existe certa atração em cultivá-lo e mantê-lo. Essa atração em grande parte provém de um mal-entendido, pelo qual acreditamos que alimentando o sofrimento estaríamos mais próximos de encontrar sua cura. Começamos com "Onde foi que eu errei?", passamos a um "Como cheguei a este ponto?", terminamos com "Não foi culpa minha!", e logo recomeçamos com "Mas onde foi que eu errei?". O equívoco, é claro, está em não distinguirmos entre uma salutar busca de soluções e uma inútil realimentação da dor após termos já exaurido todas as possíveis considerações.

Em que ponto que podemos, com segurança, dizer que tudo o que foi possível de ser tentado já o foi? E, mais importante, o que fazer depois disso?

Não existe, sabemos, uma regra simples para determinar esse limite. Podemos, no entanto, obter indícios de que nos aproximamos dele quando os argumentos começam a ser repetidos, as considerações e hipóteses foram todas exauridas, e se transformaram em meras reformulações. Neste momento, o mais útil é frearmos abruptamente esse ciclo de pensamentos e constatarmos objetivamente que:

1. Em grande parte, o que sentimos como *fracasso* nada mais é do que consequência do *acaso*, em seu significado mais amplo.
2. Se é que erramos, e na medida em que achamos que tínhamos

uma escolha em não errar, o mais prático é *aceitar* e sobretudo se *perdoar*.

O que seria esse "se perdoar", e como isso poderia nos ajudar? Para responder, podemos antes olhar o que significa perdoar o outro. É quando decidimos cessar o processo mental que nos leva ao ressentimento ou à raiva contra o outro, geralmente decorrentes de atos ou palavras que percebemos como ofensa, sem a exigência de castigo ou restituição. A razão para decidirmos cessar esse processo é principalmente porque isso nos faz bem, muito mais do que a quem é perdoado. Atenua nossa raiva e nos deixa com o coração mais leve. O perdoado pode se sentir aliviado de seus sentimentos de culpa pelo mal causado, mas muitas vezes sequer sabe que foi perdoado ou mesmo que estava sendo odiado. Por outro lado, quem perdoa conquista muito mais: através do perdão, se livra do ódio e do rancor, que fazem mal à saúde; a alma se engrandece e o espírito conquista paz e serenidade. Cultivar o ódio, como disse o escritor Malachy McCourt (1930-2009), é como tomar veneno na expectativa de matar a quem odiamos.

De modo semelhante, se perdoar significa interromper o sofrido processo de autoculpabilização que insiste em revisitar o passado como se esse fosse modificável, e passar a aceitar que, apesar de todos os erros e imperfeições, somos ainda valiosos e merecedores de amor.

Uma das celebrações religiosas mais importantes no judaísmo é o Yom Kippur (Dia do Perdão), quando se reflete sobre os erros cometidos durante o ano que passou e se pede perdão a todos que ferimos de uma forma ou de outra. É uma celebração a que mesmo os judeus não praticantes aderem, pelo profundo e tocante significado. Nesta data, ao mesmo tempo em que se pede perdão a quem magoamos, pede-se igualmente perdão a Deus, o que de certa forma equivale a pedirmos perdão a nós mesmos. E esse talvez seja o objetivo mais profundo da cerimônia, pois o peso de nossas culpas pode ser demasiado para se carregar vida afora.

Quando perdoamos o outro, admitimos que um erro cometido faz parte das fraquezas humanas, e entendemos que aquele que errou é uma pessoa comum, que pode se enganar e ainda assim ter nossa simpatia. Da mesma forma, quando nos perdoamos admitimos que tampouco nós estamos acima destas fraquezas, e que ainda assim merecemos nosso próprio carinho. Não admitir isso seria de certa forma uma atitude de extrema arrogância, como se apenas nós, entre todos os mortais, pudéssemos estar imunes a erros. E é somente quando conseguimos perdoar os outros que conseguiremos perdoar a nós mesmos. Perdoar-se não significa ser indiferente ao mal que possamos ter feito, mas uma humilde aceitação de nossa própria humanidade.

Saber perdoar é uma arte. E como toda arte pode ser um dom, que se recebe de nascença ou, para os menos felizardos, algo que se aprende através de esforço e dedicação. Para perdoarmos a nós mesmos, esse esforço passa pela admissão de nossos limites e pelo reconhecimento do papel do acaso — mesmo que seja o acaso genético — em nossas vidas e decisões.

A ideia do perdão é próxima à ideia da aceitação. Perdoar nossos erros e fracassos significa também aceitarmos o que é, ou seja: o que existe independentemente de nossa vontade. Isso não significa compactuar com realidades que julgamos injustas, tampouco uma passividade que nos isentaria de qualquer iniciativa ao nosso alcance. Significa, sim, dar-nos conta de nossa imensa impotência diante do que poderíamos talvez chamar "forças cósmicas", no sentido de que transcendem o alcance humano, e apreciarmos como essas forças permeiam e dominam nosso cotidiano, seja através do acaso, que nos coloca face a miríades de combinações fora de nosso alcance, seja ditando a complexa forma como essas se manifestam.

Aceitar nossa limitação pode vir acompanhado de certa dor, por ir ao contrário de nosso impulso vital de crescer e nos expandir em todos os sentidos. Por outro lado, essa aceitação pode igualmente gerar grande felicidade. Felicidade em descobrir como essas forças cósmicas, ou seja, qual for o nome que lhe demos, produzem um universo de grande beleza e complexidade, independentemente de nossas escolhas e atuações. Talvez seja por isso que as principais religiões enfatizem e repitam exaustivamente em suas preces duas ideias: a grandeza de Deus (que pode ser visto como um outro nome para essas forças) e a perfeição de sua criação.

Do ponto de vista pragmático, aceitar nossas falhas, erros e fracassos é a única postura que faz sentido, visto que não podemos alterar o que já ocorreu. E compreender que aceitar o passado não é se resignar diante de um futuro que ainda pode ser evitado é o primeiro passo nesta descoberta. Para a pessoa que se sente fracassada, o processo de se perdoar significa entender que a vida não deve ser medida em termos de sucessos ou fracassos, já que há grande componente aleatório na probabilidade de projetos darem certo ou não. Assim, é possível conferir outros significados para o sentido da própria vida, que sejam melhores e contribuam para a paz interior. E estar em paz consigo é um elemento importante na busca da felicidade.

NOTAS

1. DEATON, A. "Income, health, and well-being around the world: evidence from the Gallup World Poll". *Journal of Economic Perspectives*. v. 22. n. 2, 2008. Disponível em: <https://www.gallup.com/file/services/177056/AngusDeaton_Whitepaper.pdf>
2. SVENSON, O. *Acta Psychologica*. v. 47, 1981. Este resultado foi posteriormente utilizado em diferentes populações.
3. BURNS, J. M.; SWERDLOW, R. H. "Right orbitofrontal tumor with pedophilia symptom and constructional apraxia sign". *Arch. Neurol.* 60, 2003.
4. Veja e.g. *Science, 324* (5928), 811-813.
5. LIBET, B. "Unconscious cerebral initiative and the role of conscious will in voluntary action". *The Behavioral and Brain Sciences* 8: 529-566. 1985. Veja também a extremamente clara descrição do experimento e suas consequências no conceito de livre-arbítrio, em "Do we have free will", LIBET, B. *Journal of Consciousness Studies*, v. 6. 1999.
6. SOON, C. S.; BRASS, M., HEINZE, H.-J. e HAYNES, J.-D. *Nature Neurosci.* doi: 10.1038/nn.2112 (2008).
7. LIBET, B. *Journal of Consciousness Studies*, v. 6. p. 8-9. 1999.
8. LOFTUS, E. e PICKRELL, J. *Psychiatric Annals*. v. 25. 1995.
9. Esse caso é descrito, entre outros no livro *Predator*, de Jack Olsen (1992).
10. MORGAN, C. A. *et al. International Journal of Law and Psychiatry*. 36, 11. 2013.
11. HALL, L.; JOHANSSON, P.; TÄRNING, B.; SIKSTRÖM, S.; E DEUTGEN, T. "Magic at the marketplace: choice blindness for the taste of jam and the smell of tea." *Cognition*, 117, 54-61, 2010, e referências aí citadas.
12. Levelt Committee (31 out. 2011). "Interim report regarding the breach of scientific integrity by Prof. D. A. Stapel".
    A história é narrada em detalhes em sua autobiografia *Ontsporing*, publicada infelizmente apenas em holandês.

13 NOSEK et al. *Science*. 28 Aug. 2015. 349.
14 A história e a análise dessa escultura podem ser encontradas com grande detalhe em COHEN, S. "Temporality in Medieval and Renaissance Art". p. 200-ss. Veja também KELLY M., "Metanoia and transformation of opportunity". *Rhetoric Society Quarterly*, 41, 1.
15 Existem diferentes traduções do epigrama, tendo sido passado do grego ao latim e chegado aos nossos tempos em várias formas. Os autores apresentam aqui uma versão simplificada, e o leitor interessado no texto completo original deve olhar as notas 1 e 4.
16 *Gênesis*, 6:6. *Samuel* 15:11 e 35.
17 "Diante da lei", publicado como parte do livro *O processo*, de Franz Kafka.
18 Em particular, uma análise extremamente clara dessa questão pode ser encontrada em GILOVICH, T. e MEDVEC, V. "The experience of regret: what, when and why". *Pyschological Review*. (102) 379, 1995, e as referências aí citadas.
19 STEINER A. P. "Behavioral and neurophysiological correlates of regret in rat decision-making on a neuroeconomic task". *Nature Neuroscience*. 17 (7) 995-1002. (2014).
20 ARISTÓTELES. *Retórica*, t. 2, cap. 2 (tradução livre dos autores).
21 LEIBNIZ, G. *Ensaios sobre a bondade de Deus, a liberdade do homem e a origem do mal*, 1710.
22 VOLTAIRE, F-M. A. *Cândido, ou o Otimismo*, 1759.
23 Veja e.g. LERNER, M. J.; SIMMONS, C. H. "Observer's reaction to the 'innocent victim': compassion or rejection?". *Journal of Personality and Social Psychology*, v. 4(2), ago. 1966, 203-210. LERNER, M. J., & MILLER, D. T. "Just world research and the attribution process: looking back and ahead". *Psychological Bulletin*, 85(5), 1030-1051. 1978.
24 Veja e.g. SOLNICK, S. J.; HEMENWAY D. "Is more always better?: a survey on positional concerns". *Journal of Economic Behavior and Organization*. 37 (1998), 373, e referências aí citadas.
25 ZIZZO, D.; OSWALD, J. "Are people willing to pay to reduce other's incomes?" *Annales d'Économie et de Statistique*. 63, 39, 2001.
26 Veja e.g. SPINOZA, B. *Ethics*, v. 3, prop. 35, e PARROT, G., "The emotional experience of envy and jealosy". *The psychology of Jealosy and envy*. SALOVEY, P.
27 *Êxodo*, 34:14; 2 Coríntios, 11:2-4; e 1 Coríntios, 10:22.
28 Veja e.g. HILL, S. E.; DELPRIORE, D. J.; VAUGHAN P. W. "The cognitive consequences of envy: attention, memory, and self-regulatory depletion". *Journal of Personality and Social Psychology*. 2011 (4) 653.

29 PLATÃO. *República*, 584c4 e seguintes.
30 TANIMOTO, H. et al. "Experimental psychology: event timing turns punishment to reward". *Nature*. 430, 983, 2004.
31 SOLOMON, R. L. "Motivation and emotion". *American Psychologist*, 35, 8, pp. 691-712. 1980.
    BRESIN, K. *et al*. "No pain, no change: reductions in prior negative affect following physical pain". *Motivation and Emotion*. 34, 380. 2010.
32 PLATÃO. *Fédon*.
33 Veja e.g. TENNEN e SHARP. *J Pers Assess*. 1983 Aug;47(4):369-74. LANGER, E. *et al*.; *Journal of Personality and Social Psychology* 32, 951 (1975) e PRONING, E. *et al*.; *Journal of Personality and Social Control* 91, 218 (2006).
34 BACHELIER, L. "Théorie de la spéculation". *Annales Scientifiques de l'École Normale Supérieure*. 3 (17): 21-86. (1900a).
35 Veja e.g. MALKIEL, B. G. *A Random Walk Down Wall Street: Including a Life-Cycle Guide to Personal Investing* (2003) e referências aí citadas.
36 FAMA, E. F. e FRENCH, K. R. "Luck vs skills in the cross-section of mutual funds returns". *Journal of Finance*, 65 (2010), 1915.
37 Veja e.g. MANTEGNA, R. e STANLEY, E. *Econophysics* (1999).
38 TABAK, B. "Vinte funcionários de tradicional restaurante do Rio ganham bolão". *G1*, 27 jun. 2012. Disponível em: <http://g1.globo.com/rio-de-janeiro/noticia/2012/06/vinte-funcionarios-de-tradicional-restaurante-do-rio-ganham-bolao.html>
39 Veja e.g. DE VANY, A. *Hollywood Economics* (2004).
40 HOFFMANN, A. e POST, T. "Self-attribution bias in consumer financial decision-making: how investment returns affect individuals' belief in skill". *Journal of Behavioral and Experimental Economics*, May. 2014.
41 BILLETT, M. e QIAN, Y. "Are overconfidend managers born or made, evidence of self-attribution bias from frequent acquirers". *Management Science*, 54, 1037 (2008).
42 LI, F. "Managers' self-serving attribution bias and corporate financial policies". SSRN (2012).
43 BAUCELLS, M.; WEBER, M. e WELFENS, F. "Reference-point formation and updating" *Management Science*. v. 57, n. 3, 506-519, 2011.
44 BACON, F. *Novum Organon* (1620).

45 A ideia dos *penny-auction* é bem anterior à internet, tendo sido apresentada pela primeira vez por Martin Shubik no artigo "The Dollar Auction game: a paradox in noncooperative behavior and escalation", *Journal of Conflict Resolution.* mar. 1971, 15: 109-111.

46 Veja e.g. FLYVBJERG, B. "What you should know about megaprojects and why: an overview". Said Business School, University of Oxford. Dísponivel em: <http://eureka.sbs.ox.ac.uk/5065/>

47 KAHNEMAN, D. e TVERSKY, A. *Econometrica* 47, 263 (1979).

48 TELLEGEN, A. *et al.* "Personality similarity in twins reared apart and together". *Journal of Personality and Social Psychology.* jun. 1988, 54(6):1031-9.

49 GALTON, F. *Hereditary Genius* (1869).

50 SCHWABE *et al.* "Can we validate the results of twin studies? a census-based study on the heritability of educational achievement". *Front Genet.* 2017; 8: 160.

51 *Êxodo*, 21:22.

Impressão e Acabamento:
GRÁFICA STAMPPA LTDA.